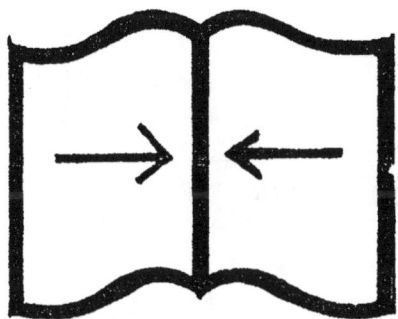

RELIURE SERREE
Absence de marges
intérieures

Début d'une série de documents
en couleur

VALABLE POUR TOUT OU PARTIE DU
DOCUMENT REPRODUIT

LE

JOURNAL D'UN COLON

PAR

E. DELAUNEY DU DÉZEIN

TOURS

ALFRED MAME ET FILS

ÉDITEURS

Fin d'une série de documents
en couleur

LE

JOURNAL D'UN COLON

4e SÉRIE IN-8o

Nuée de sauterelles en Algérie.

LE

JOURNAL D'UN COLON

PAR

E. DELAUNEY DU DÉZEIN

Travaillez, prenez de la peine,
C'est le fonds qui manque le moins.
LA FONTAINE, *le Laboureur et ses Enfants.*

TOURS

ALFRED MAME ET FILS, ÉDITEURS

M DCCC XC

LE

JOURNAL D'UN COLON

Alea jacta est!

Ce n'était point assez d'avoir dû laisser vendre la maison paternelle avec ses tourelles décrépites et ses antiques greniers qui nous rappelaient tant de jeux et de folles escapades, ses espaliers jaunissants qui *tantalisèrent* notre enfance et eurent si souvent raison de nos promesses et de nos résolutions, sa pelouse unie et verte où nous prenions aux vacances de si joyeux ébats, ses coteaux couverts de pampres qui depuis tant d'années versaient l'abondance dans notre heureuse demeure, il fallait encore se décider à quitter le village qui nous avait vus naître, le cimetière ombreux où dorment les vieux parents, il fallait consentir à s'expatrier!

A quoi se résoudre pourtant lorsqu'on a toujours été propriétaire foncier, et qu'on ne s'est point préparé par de fortes études à affronter la bonne ou la mauvaise fortune dans une carrière libérale? Ah! sotte imprévoyance de la jeunesse heureuse! Quand mon père voulait faire de moi un cordonnier et ma mère un avocat, ils avaient bien raison; mais je préférais me laisser vivre au soleil de mon beau midi et manger les rentes que nous servait si libéralement dame nature!

Allons, tant pis, le vin est tiré, il faut le boire; mais non, je me trompe, c'est justement parce qu'il n'y a plus de vin à boire, ou plutôt à vendre, qu'il faut se décider à partir. Marcelle a beau dire que l'Algérie c'est encore la France, c'est surtout la France de nos enfants, je proteste. Mettre la mer entre nous et notre doux ciel natal, c'est nous expatrier. Elle cherche à m'encourager, la chère femme, mais je surprends des soupirs contenus, des regards furtifs vers la vieille maison où naquit notre premier-né, et je devine...

Non, ne parlons plus de cela. Ces jours de paix et d'abondance étaient un beau rêve que le phylloxéra a dissipé, et dont le souvenir ne doit point nous suivre pour nous affaiblir. Délices de Capoue, vous fûtes mortelles aux soldats d'Annibal; nous aussi nous sommes soldats, et nous ne devons pas nous y attarder plus longtemps. C'est ainsi. Il y a quatre ans, nous étions riches; sans labeur, sans effort, nous n'avions qu'à prendre le bien d'où il nous venait; aujourd'hui il nous faut demander notre pain à un travail quotidien, à cette même terre qui nous a ruinés; eh bien, on le lui demandera. Et s'il faut le manger la sueur au front, on le mangera encore avec reconnaissance, tant que Dieu nous conservera de bons bras solides pour manier la pioche, et la charrue, un cœur ami pour s'encourager; et, grâce au ciel, avec Marcelle cela ne me manquera pas. N'est-ce pas elle qui me répète sans cesse :

Fais ce que dois, advienne que pourra?

Alger, 24 mars 1875.

Me voici en Algérie. Quel splendide pays! quel azur incomparable! quelle douceur de température! que la terre est belle dans sa parure de blés verts et de fleurs sauvages!

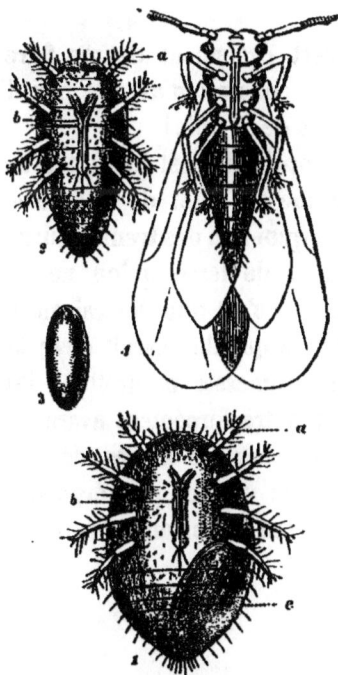

1, 2, 3. Le puceron de la vigne (phylloxera vastatrix),
individus femelles et œufs grossis.

4. Individu femelle ailé, grossi.

Mais il manque un je ne sais quoi à toutes ces campagnes; peut-être arriverai-je à le définir un jour.

Revenons à l'affaire qui m'amène.

Je me suis adressé un peu partout; les uns m'ont con-

1*

seillé de demander une place de gérant dans une autrucherie, de distillateur dans une maison qui fabrique des
essences, de surveillant, là-bas, au sud, dans la région des
mers d'alfa; de contremaître dans une exploitation de
ramie, de courtier chez un négociant en grains; d'autres,
de me contenter tout bonnement d'être vigneron dans quelque
vignoble important où l'on fasse également du tabac. Plus
on me propose de postes différents, moins je sais auquel
m'arrêter.

On m'a bien offert également de me faire obtenir une
concession; mais une concession avec le peu d'avances dont
nous disposons, c'est de la folie!

Le désir d'être propriétaire est légitime, mais il ne faut
pas qu'il nous entraîne au point de nous aveugler sur nos
véritables intérêts. A quoi bon des trente, quarante, soixante,
quatre-vingts hectares de terre qu'on ne peut mettre en
valeur? Je suis sûr que c'est une des raisons pour lesquelles
l'Algérie n'est point ce qu'elle devrait être; le colon n'a pas
de quoi exploiter ses richesses naturelles : l'un est chiche,
dès lors l'autre se montre forcément avare.

Je préfère gagner chez les autres de quoi élever mes
enfants, plutôt que de végéter par orgueil sur une terre
qui, mal cultivée, ne me fournirait qu'à regret le pain amer
de la misère.

14 avril 1875.

Marcelle a décidé. « L'important, m'écrit-elle, est de
gagner tout de suite pour ne pas écorner le peu qui nous
reste. » J'accepte donc momentanément ce qui se présente.
Un propriétaire de Souk-el-Hâd [1] vient de perdre sa femme;
il a à régler des affaires de succession assez embrouillées qui

---

[1] Littéralement : Marché du dimanche.

l'obligent à se rendre en France; il désire laisser sa propriété en des mains honnêtes; on m'a recommandé à lui.
Me voilà gérant. Je pars demain.

Souk-el-Hâd, 29 avril 1875.

Depuis quinze jours je n'ai pas trouvé le temps de consigner mes impressions, et cependant elles sont multiples.
Que de choses on ignore lorsqu'on n'est jamais sorti de sa
coquille, et que je me doutais peu combien de rapports
j'avais naguère avec le colimaçon! Mais j'attends Marcelle, et
tout se noie pour moi dans la joie du revoir. Elle fait la tra-
versée avec une famille amie qui s'est chargée de la pro-
téger. Mes chers bébés vont-ils me reconnaître? Je suis si
barbu, et déjà si bruni par le soleil d'Afrique!...

Dimanche, 2 mai 1875.

Enfin elle est ici! et les débuts n'ont pas été brillants.
Un peu rompu aux petites misères de la vie de colon, je
n'avais pas songé à la prévenir que notre nouvelle habitation
est en bois; je n'y attachais aucune importance; elle est
encore assez confortable et assez vaste dans son genre.

Mais quand Marcelle est arrivée, et qu'elle a senti à travers
les planches disjointes passer le souffle fraîchissant du soir,
elle m'a regardé avec stupéfaction et a fondu en larmes. Je
me tenais auprès d'elle comme un coupable. Je la connais si
courageuse, si oublieuse d'elle-même, que je n'avais pas eu
l'idée qu'elle éprouverait de la difficulté à se faire à ce genre
de vie si nouveau.

Certes, elle n'a jamais été habituée à ce qu'on appelle le

luxe; il n'y avait pas chez nous de plafonds dorés ni de glaces de Venise, mais il y avait ce confortable bourgeois que prise si fort une ménagère, et surtout de bons murs pour nous préserver des intempéries des saisons.

Sans doute Marcelle lut la consternation que reflétait mon visage, elle devina quels reproches je m'adressais intérieurement, car, secouant bientôt cette impression douloureuse, elle s'ingénia en souriant à chercher des motifs de satisfaction; elle m'assura qu'elle était bien aise de trouver une maison de trois pièces qui lui permettrait d'en réserver une coquette et bien tenue comme en France. Elle avait craint de n'avoir pour salon, pour chambre à coucher, pour buanderie et pour cuisine qu'une seule et même pièce. Et, par le fait, combien y a-t-il de gens qui s'en contentent!

Je me gardai de lui dire que cette pièce, qu'avec son goût inné de femme elle voyait déjà parée de blancs rideaux et de quelques meubles simples et proprets, servait de débarras à la ferme, et qu'à mon arrivée le propriétaire avait vendu les cinquante et quelques sacs de blé qu'elle renfermait pour se procurer l'argent nécessaire à son voyage. A quoi bon détruire cette suprême illusion dans laquelle elle se complaisait! Ah! l'expérience et la nécessité sont de tels maîtres, qu'ils se passent facilement de moniteurs ou de répétiteurs.

Je fus obligé de m'absenter pour donner un coup de main au grand escogriffe qui va nous servir de factotum. Quand je revins, je trouvai de nouveau ma femme pâle et troublée.

« As-tu vu la couverture de voyage? me demanda-t-elle avec empressement.

— Oui, répondis-je; elle est là dans ce coin avec les vingt-trois colis dont tu étais si empêtrée à la voiture.

— Elle n'y est plus, » gémit-elle alors.

Et sa voix avait une expression d'abattement vraiment disproportionnée avec la cause de son inquiétude.

« Il y a plus, repris-je; tu ne serais pas désespérée pour si peu. Tu me caches quelque chose, Marcelle. »

Elle ne voulait pas en convenir.

« C'est que, vois-tu, avoua-t-elle enfin, cet homme...
Comment l'appelles-tu?... Driot m'a prévenue qu'il fallait
beaucoup se méfier ici. Dès qu'on a le dos tourné, paraît-il,
les Arabes qui guettent aux alentours se glissent tout nus
dans les maisons et les débarrassent de ce qui se trouve
à leur convenance. C'est ce qui est arrivé sans doute... J'ai
peur! Oh! quel pays! quel pays! »

Et les larmes longtemps contenues se firent jour et inon-
dèrent les petites mains tremblantes derrière lesquelles
Marcelle cherchait à me les dérober.

« Ah! diable! diable! »

Voilà tout ce que je pus trouver. Je conviens que ce n'é-
tait pas beaucoup. J'aurais mieux fait de répondre à ma
pauvre éplorée que M. Fabié m'a tout particulièrement recommandé ses Arabes, qu'il a depuis trois ans, et dont il n'a
jamais eu à se plaindre, mais... dame! on ne pense pas à
tout.

Je m'étais promis de veiller. Le soir nous avons verrouillé
notre porte et poussé les malles devant; mais il n'y a pas
à se dissimuler qu'un coup de poing suffirait à abattre notre
cloison de planches. Je voudrais que notre couverture étouffât
l'animal qui nous a jetés dans de pareilles transes. J'ai cou-
ché avec mon revolver sur la caisse qui nous tient lieu de
table de nuit; nous avons rêvé d'Arabes vêtus d'un costume
tout à fait primitif, et qui faisaient la nique aux gendarmes.
C'est une variété du cauchemar encore inconnue en France.

Le lendemain, ce fut en vain que je voulus exiger de Marcelle de se reposer. Elle me répondit qu'elle était venue
pour partager mes travaux, et non pour augmenter mon embarras; que j'en avais fini avec Marcelle la rentière et que
j'avais à faire connaissance avec Marcelle la fermière; bref,
mille choses charmantes. Quand on est tombé sur une compagne pareille, je comprends cette parole divine : « Il n'est
pas bon que l'homme soit seul. »

Elle était sur pied en même temps que moi, et, au petit
jour, une bonne soupe aux choux réchauffée nous rassem-

blait autour de la table; après quoi, Driot allait soigner les
bêtes, tandis que ma jolie fermière appelait autour d'elle
poules, poussins et canards, pour passer une revue complète de ce petit corps d'armée et l'allécher par une friande
provende.

Pendant ce temps, et tout en donnant un coup d'œil au
charmant tableau encadré par l'entre-bâillement de la porte,
je me mis sérieusement à examiner les instructions que m'a-
vait laissées M. Fabié. Il s'agit de commencer la fenaison;
il y a une dizaine d'hectares en fourrage, ce ne sera pas une
petite affaire.

Souk-el-Hâd, 8 juin 1875.

Ah! quel travail! Pas une minute pour souffler; mais
aussi quelle belle meule! Marcelle est venue l'admirer ce
soir quand nous l'avons couronnée; elle lui reproche de ne
pas embaumer l'air comme font nos foins de France.

Je suis obligé de lui faire remarquer qu'à proprement
parler il n'existe pas de foin en Algérie, où le trèfle, la
luzerne, le sainfoin poussent-çà et là à l'état sauvage, comme
pour rappeler ce qu'ils pourraient donner si on les honorait
d'un brin de culture. On ne fait que ramasser les herbes des
champs, et quelle taille elles atteignent! les carottes sauvages, les langues de bœuf, les lacerons, etc. Cela constitue
un excellent fourrage dont les bêtes se contentent d'ailleurs,
ce qui dispense de cultiver.

Une chose charme Marcelle sans réserve : c'est l'azur in-
variable de ce beau ciel dont la sérénité, dit-elle, doit influer
sur notre âme. Elle n'a point encore vu une journée sombre,
ni reçu une goutte de pluie.

Outre cela, tout a été pour elle matière à surprises. Le
premier jour que nous avons parcouru la propriété, lors-

qu'elle vit les trois hectares et demi de tabac qui constituent un des meilleurs revenus de M. Fabié, elle me demanda comment j'allais m'y prendre, moi qui n'y connaissais rien. Elle parut scandalisée quand je lui dis que c'était le cadet de mes soucis, mais soulagée d'un grand poids quand j'ajoutai que je n'avais qu'à surveiller les Kabyles avec lesquels M. Fabié est de compte à demi.

En effet, c'est une bonne mesure de ce pays-ci de laisser la culture du tabac aux indigènes et de se trouver là tout à point seulement pour la vente, qui est à peu près constamment assurée, le gouvernement faisant des achats considérables chez les colons. Je dois ajouter que la culture et le commerce de ce produit sont complètement libres en Algérie. De cette manière, un hectare de tabac, qui rapporte brut environ trois mille francs, laisse à celui qui a fourni le terrain et la semence mille à onze cents francs net. Et vite Marcelle d'écrire en grosses lettres sur un carnet où elle note ses observations pour le jour où nous serons chez nous : *Faire du tabac.*

Une autre fois elle se montrait fort inquiète de savoir comment nous nous y prendrions pour engranger la récolte d'une partie de la propriété qui se trouve à trois kilomètres, au delà d'un ravin profond que les chariots ne peuvent franchir.

« Cela ne me concerne pas, lui disais-je, c'est l'affaire des Arabes. »

Et comme son clair regard sollicitait une explication, je continuai :

« Dans les propriétés importantes comme celle-ci, lorsqu'il y a des terres trop éloignées de la demeure du fermier, ce dernier loue aux Arabes la partie qu'il ne saurait cultiver lui-même ; il trouve aisément à en tirer profit au quart ou au cinquième.

— C'est-à-dire que s'il y a vingt quintaux de blé, il s'en réserve quatre ou cinq ?

— Parfaitement. »

J'aime à fixer sur le papier ces premières impressions, que

nous retrouverons avec plaisir quand nous serons de· vieux
colons. Cependant, si les jours sont longs, en revanche les
nuits sont courtes, et se terminent toujours trop brusquement à mon gré. On ne s'improvise pas agriculteur sans
fatigue. Il s'agit de se préparer à la moisson qui va commencer, et pour cela allons dormir.

18 juin 1875.

Nos dix hectares d'orge sont moissonnés. C'est singulier
comme il y a peu de gerbes ! me disait ce matin Marcelle.
Elle a raison ; cela me surprend également.

28 juin 1875.

Enfin voilà le moment où l'on peut juger une récolte, le
dernier grain est dans le sac. Eh bien, quatre-vingt-dix-neuf
quintaux pour dix hectares... ; si le blé est dans les mêmes
proportions !...

10 juillet 1875.

Nous n'avons plus qu'à battre. M. Fabié me presse de lui
envoyer le montant de ses céréales. Je m'étonne s'il s'attend
au résultat.

· 29 juillet 1875.

Quatre-vingts quintaux, pour lesquels j'ai touché seize
cent quarante francs et neuf cent quatre-vingt-dix francs

pour l'orge, soit en tout deux mille six cent trente francs pour vingt-trois hectares ensemencés, qui coûtent au moins sept cents francs de main-d'œuvre, sans compter la semence ! Je n'ose regarder l'impression produite sur Marcelle par un rapport aussi disproportionné avec nos espérances. Aurais-je eu tort de me décider pour l'Algérie ?...

Orge.

31 juillet 1875.

Nous avons abordé franchement la question ; cela vaut toujours mieux que de garder ses arrière-pensées. C'est Marcelle qui a commencé ; elle est la plus brave, elle va toujours droit au but.

« T'attendais-tu à un si maigre résultat ? m'a-t-elle de-

mandé. Pour ma part, ayant entendu vanter la fertilité de
l'Algérie, je comptais sur un rapport de vingt quintaux au
moins par hectare, étant donné que les cultivateurs de nos
pays ont, bon an mal an, de quinze à dix-huit pour cent.

— Oui; mais quelle différence dans la culture! As-tu
jamais vu chez eux ces touffes d'asphodèles, de jujubiers, de
scilles, de chardon, de chiendent, qui coupent l'uniformité
des chaumes dans ces grands champs là-bas? Non, assurément. Les plantes étrangères en France n'occupent pas un
cinquième du sol, et la moisson n'est après tout ici que les
quatre cinquièmes de ce qu'elle devrait être.

— Peut-être l'année est-elle exceptionnellement mauvaise?

— Non. J'ai demandé à nos voisins, et tous disent que
c'est une année moyenne.

— Mais alors cela ne t'effraye-t-il pas un peu pour notre
avenir de colons?

— Cela m'effrayerait absolument, n'était la réflexion que
me suggère la vue de ce sol si mal défriché et jamais fumé.
Ce sont pourtant deux questions vitales, car tout dépend de
la culture et de la fumure. Ici le fumier est laissé à l'aban-
don; il ne sert qu'à empester l'air que respire le cultivateur, alors qu'il est la base fondamentale de l'agriculture.

— Tu me consoles, reprit Marcelle. Te souviens-tu de
l'essai de mon oncle Arnold lorsqu'il fit répandre dans un
coin de son jardin le résidu des bassines de sa filature?

— Quels splendides légumes il y récolta! Je me rappel-
lerai toujours les choux gigantesques et les navets énormes
qu'il y eut. Cet exemple me rassure; nous en ferons notre
profit. Non, le sol n'est jamais ingrat et rend au centuple
les soins dont il est l'objet. Mais en Algérie, loin de se
montrer prodigue envers lui, on exige volontiers qu'il fasse
toutes les avances, et c'est à quoi il se refuse avec une opi-
niâtreté dont nous avons la preuve sous les yeux. »

25 août 1875.

J'ai encaissé le produit du tabac; il a laissé net trois mille quatre cent vingt-deux francs à M. Fabié. Marcelle en est plus que jamais enthousiasmée. Demain nous commençons la vendange. Quand je dis que nous commençons, je me trompe, car Paul et Marcel y ont déjà travaillé avec un courage au-dessus de leur âge. Ah! les beaux, les bons raisins d'Algérie! Il devrait y en avoir toute l'année; ce serait alors un paradis pour les gourmets.

29 août 1875.

Eh bien, non, il ne faut jamais se laisser guider par la routine. Il me semblait que la masse du raisin n'était pas mûre pour la vendange; on m'a objecté les vols par les Arabes, par les tribus pillardes de moineaux et autres créatures ailées, par les chacals, qui viennent en troupe se repaître au penchant de nos coteaux et qui savent choisir! Ce n'était pas à moi, nouveau venu, à imposer ma manière de voir, surtout puisqu'il s'agit d'intérêts qui me sont confiés et qu'on aurait pu croire lésés. Mais je ne m'étonne plus que le vin d'Algérie, qui devrait avoir les vertus du généreux soleil qui dore la grappe, laisse tellement à désirer sous ce rapport; la moitié du raisin est cueillie trop verte. Il est vrai que tant de dangers menacent la vigne! Décidément il y a beaucoup de pour et de contre. Mais j'entends une voix murmurer à mon oreille : « Quel est l'endroit où il n'y en a pas? » Tu as raison, bon génie, je ne me découragerai point.

1er septembre 1875.

Voilà le terme de mon engagement qui approche. Quel parti prendre? M. Fabié n'est pas encore de retour; mais je ne vois pas grand avenir à rester ici. On n'a jamais autant de cœur à semer lorsqu'on ignore qui fera la moisson. Je soupire après un petit chez moi.

3 septembre 1875.

Aujourd'hui c'était la fête du pays; nous avons attelé le break et nous nous y sommes rendus; nous n'étions pas encore une fois sortis pour le plaisir de sortir. A peine si Marcelle connaissait cette région, pourtant si fertile et si boisée.

Il y a plus de cinq kilomètres de la ferme au village; cependant nous avons encore pris le chemin des écoliers et passé par Ménerville, qui est la clef de la Mitidja par rapport à la Kabylie. Ménerville possède une gare, car on parle beaucoup de la ligne du chemin de fer d'Alger à Constantine; mais quand sera-t-elle livrée? dans dix ans peut-être; les travaux ne marchent guère vite, paraît-il.

Ménerville est un joli village situé au pied d'une de ces montagnes d'altitude moyenne qui accentuent l'ondulation perpétuelle du sol algérien. Cette ondulation, ces ravins, ces multiples vallons, ces pentes douces, ces roches vives qui çà et là élèvent vers le ciel leurs arêtes aiguës, tout cela constitue les éléments d'une nature pittoresque et charmante, baignée des chaudes effluves d'un soleil ardent, tempéré par une brise fraîche et délicieuse.

Mais que de terrains perdus, même aux environs d'Alger!
Que de coteaux qui, plantés de vigne, pourraient produire
des crus exquis! Que de terres généreuses dont le flanc se
couvre d'une végétation sauvage, faute de bras pour les
transformer en champs fertiles, en jardins délicieux! Cela
me serrait véritablement le cœur. Ah! des bras! des bras!
disions-nous, des bras et des intelligences pour faire de ce
sol fécond le grenier d'abondance de la mère patrie.

N'ayant pu rencontrer à Ménerville la personne que j'y
venais chercher, et qui était, me dit-on, à sa ferme, près
de Bellefontaine, nous nous sommes dirigés vers ce dernier point. Et vraiment nous avons été bien payés de notre
peine.

Arrivés au sommet d'une colline, un peu trop exposée à
tous les vents, par exemple, un panorama vraiment grandiose s'offrit à nos yeux : au loin, la ligne d'azur foncée de
la Méditerranée tranchait sur l'azur tendre et lumineux d'un
ciel sans nuages; nous distinguions le cap Matifou, de cho-
lérique mémoire; la Mitidja, souriante dans sa verdure
sombre; Alger, qui se détachait comme un triangle d'argent
sur le fond vert du Bou-Zaréah; puis le Sahel, et enfin
cette grande et superbe ligne cotière qui, m'a-t-on dit,
s'étend jusqu'à Cherchell, et que la transparence de l'air
permet de suivre de l'œil sur une vaste étendue.

En nous retournant, nous faisions face à la montagne et
à la koubba de Sidi-Merdès, dont un ravin seul nous séparait, et aux montagnes des Issers, au delà desquelles commence la Kabylie.

C'était si beau, que j'arrêtai la voiture pour jouir plus
longtemps de ce magique coup d'œil.

Marcelle se taisait.

« Nous nous plaignons, dit-elle enfin; et pourtant que de
compensations Dieu n'a-t-il pas laissées à notre portée! N'est-ce
point déjà un bonheur que d'admirer cette nature si rayon-
nante, si calme? Courage, mon ami; secouons le fardeau
de nos préoccupations matérielles pour nous joindre à

l'hymne de louanges qui se dégage de tout ce qui nous entoure. »

Je lui serrai la main, car un même sentiment agitait dou-
cement nos âmes; ce tête-à-tête avec l'immensité nous avait
fait du bien.

Mon individu n'était pas encore chez lui. J'ai remarqué
que les débiteurs y sont rarement quand leurs créanciers
les font relancer. Nous revînmes sur nos pas, et nous ga-
gnâmes Souk-el-Hâd par une route charmante qui côtoie
l'Isser oriental, rivière dont les eaux ne tarissent jamais. A ce
mot de rivière, nous nous représentions un cours d'eau
comme ceux de France, et peu s'en faut que nous n'eussions
conçu l'espoir de nous livrer à quelque partie de bateau.

Hélas! quelle désillusion! Un trou plein d'eau ici, puis
un demi-kilomètre de pierres et de graviers, au milieu desquels se traîne péniblement un filet d'eau saumâtre qui apporte son faible contingent à un nouveau trou : voilà cette
rivière tant vantée. Exhibez donc vos talents de canotier là-
dessus!

Des touffes de lauriers-roses poussent jusqu'au milieu
même du lit du torrent, qui doit avoir ses accès d'impétuo-
sité cependant, à en juger par ses berges ravinées. Nous sa-
luâmes d'un regard la blanche koubba entourée d'oliviers
séculaires et dominée par deux splendides palmiers, qui plaît
tant à l'œil par ses tons crus et ses lignes courbes si har-
monieuses, et nous arrivâmes à Souk-el-Hâd.

La fête nous laissa bien calmes, bien indifférents. Il n'y
a pas les éléments de gaieté qui caractérisent les fêtes fo-
raines en France : ni chevaux de bois ni marchands ambu-
lants, et surtout ni musique ni orphéons; ce qui est re-
grettable, car il est bon, dans la jeunesse, de s'attacher à des
choses susceptibles de détourner l'esprit des plaisirs grossiers
et de l'élever vers un idéal quelconque.

Heureusement que ces feuillets, discrets confidents de ma
pensée intime, ne risquent pas d'en trahir le secret, car je
vais consigner ici une remarque qui m'attristerait profondé-

ment si je la croyais générale. Il me paraît que la population européenne est aussi peu éprise d'idéal que la population
indigène, et pourtant, s'il n'en fallait pas une bonne part,
dame Nature, qui ne fait rien de superflu, aurait-elle placé
à côté des plantes comestibles, dont nous retirons un si grand
profit comme nourriture, tant de roses, de magnolias, de
géraniums, de bluets, de coquelicots, de jasmins, de vio-
lettes, de camélias, de narcisses, plaisir des yeux ou de l'o-
dorat? Un peu plus d'idéal, colons mes frères, un peu plus
de sentiment du beau en toutes choses, et la colonie s'en
trouvera mieux.

C'est vrai, de ce côté-ci, on ne fait que ce qu'on ne peut
pas se dispenser de faire; on travaille sans goût, sans cœur,
et comme à regret, avec une terre si riche et un soleil si
plein de promesses! Peut-être est-ce une impression toute
locale, qui se dissipera dans la région encore inconnue où
j'irai planter ma tente.

3 octobre 1875.

Je me croyais sauvé. On m'avait proposé une ferme des
plus avantageuses de l'autre côté de Palestro. Un loyer
presque nul, m'écrivait-on : mille francs soixante hectares
de terres excellentes, entièrement défrichées, deux hectares
de vigne troisième feuille. C'était superbe.

Nous sommes allés visiter. Hélas! comme les choses sont
facilement belles de loin! La ferme, à demi ruinée, consiste
en deux pièces, ni carrelées ni plafonnées; les terres, épuisées par une production continue de huit à neuf ans sans
culture ni engrais, ont besoin de trois ans au moins pour
se remettre; la vigne, abîmée par une taille inintelligente,
est envahie par le chiendent.

A propos, agriculteurs futurs, apprenez que rien n'est si

avantageux pour vos vignes que l'abondance de ce parasite;
ne vous inquiétez pas s'il paralyse le développement de la
plante et s'il étouffe les ceps naissants. Rassurez-vous en
songeant au bien infini qu'il fera un jour à vos souches, —
s'il vient à crever avant elles, — et laissez-le prospérer dans
cette douce prévision.

Voici un échantillon de la force des colons de cette région. N'est-ce pas absolument renversant?

Toutefois il en est d'autres, mais c'est le petit nombre,
qui, munis d'un grand panier ou d'un sac, arrachent le
chiendent avec soin et l'emportent pour le brûler, sachant
bien qu'un seul nœud, abandonné au hasard, suffit à per-
pétuer le règne de cet ennemi du colon. Mais comme on se
moque de ces derniers! Assurément celui qui voulait nous
louer sa concession a sa place toute marquée parmi les
premiers.

Nous eussions regretté notre journée perdue et les frais
qu'elle nous a causés, si nous n'eussions eu l'occasion de
visiter Palestro et les fameuses gorges du même nom qui,
avec celles de la Chiffa, sont une des curiosités de l'Afrique
française. Palestro ne se ressent plus de l'insurrection de 1871;
on l'a rebâti plus grand, plus beau, et surtout mieux fortifié.

J'y ai rencontré un des cinquante survivants du terrible
combat dont ce village fut le témoin. Les Arabes et les Kabyles, — peu habitués à un aussi touchant accord, car ce sont
des races rivales et volontiers ennemies, — avaient uni leurs
efforts contre ce petit groupe de colons. Ceux-ci se défen-
dirent comme des lions; ils se retranchèrent dans l'église,
dans le presbytère, dans la maison cantonnière, dans tout
ce qui pouvait leur servir de fortin.

Mais la faim, le manque de munitions, s'étaient faits les
complices des assiégeants. La petite garnison diminuait par
la perte de quelques-uns de ses plus braves défenseurs, et
l'ennemi grossissait sans cesse, attiré par l'appât d'une si
noble curée, alléché, comme le tigre, par l'odeur du sang.

Le secours, où était-il?

Les infortunés se rendirent au nombre d'une centaine ; ce fut le signal d'une véritable boucherie ; cinquante victimes tombèrent sous mille coups de yatagans, de fourches, de couteaux. Tout était bon pour frapper sur les *Roumis*.

Rien ne semblait pouvoir sauver les survivants, qui attendaient le coup fatal avec la morne résignation du désespoir,

Alger.

quand soudain cette fièvre sanguinaire tomba d'elle-même ; ils parurent mériter une considération inattendue ; pour apaiser leur faim, on leur jeta quelques galettes, et des gourdes d'eau potable furent déposées à leur portée.

D'où provenait ce changement à vue si peu dans les habitudes du féroce vainqueur qui les tenait en son pouvoir ?

L'explication ne se fit pas attendre. Le bruit des premières défaites des insurgés dans la Mitidja s'était répandu, et, d'autre part, on disait que le colonel Fourchault, par

2

une marche hardie, apportait son concours aux habitants de Palestro, et ne pouvait tarder à arriver.

Telles étaient les nouvelles qui avaient éteint dans les veines des chefs de l'insurrection sur ce point cette soif de sang qu'ils auraient trouvé si doux d'assouvir à loisir. Une sage réflexion leur avait suggéré la pensée de se réserver les cinquante survivants comme conciliateurs au jour prochain peut-être de la rétribution. C'était à cette circonstance que notre hôte devait la vie. Mais de ce qui avait été un florissant village il n'existait plus rien lorsque Fourchault arriva.

On nous a montré, et le monument commémoratif de ce cruel événement, et le bordj ou enceinte fortifiée dans laquelle on a réuni les bâtiments principaux : église, école, mairie, réserves et magasins, etc. etc. C'est là qu'en cas d'attaque la population tout entière irait désormais chercher un refuge et trouverait un abri assuré. J'insiste à dessein sur ce point, car Marcelle, qui n'est pas encore arrivée à frayer sans arrière-pensée avec les Arabes, serrait notre Paul sur son cœur avec une émotion mal comprimée. J'avais beau lui répéter qu'il n'y a plus de danger, je voyais bien qu'elle était frappée.

Heureusement que la vue des gorges, en excitant son admiration, lui a fait oublier tout le reste, et que la triste impression se dissipera à mesure que la certitude de la sécurité prendra le dessus.

Le fait est que la route de Palestro est fort curieuse ; nous avons traversé l'Isser sur un pont métallique d'une seule arche, élégante et hardie, et nous regardions au passage un hameau kabyle accroché aux flancs de la montagne, avec ses toits de tuiles rouges, surtout ses treilles d'Aïn-Kelb [1], ce raisin sans rival.

Tout à coup le défilé se rétrécit ; le torrent y trouve à peine un passage entre deux murailles de rochers à pic d'une

[1] Littéralement : Source du Chien.

immense hauteur. La route a été conquise à la mine, dans
la dureté du roc, et taillée en corniche au-dessus de l'Isser,
et même, pendant quatre-vingts mètres environ, elle est
obligée de passer en tunnel dans le roc vif. C'est un désert.
On se sent à mille lieues de toute vie civilisée.

Nous avions mis pied à terre et attaché Mistoufle à un
taillis, où il broutait avec un contentement philosophique
une herbe rare et desséchée. Le murmure du torrent, —
car les premières pluies ont redonné quelque force à cette
rivière, — le bruit argentin des mignonnes cascatelles qui
se forment çà et là, des cactus aux feuilles anguleuses, des
touffes de lauriers-roses dont les fleurs, d'un si admirable
coloris, sont remplacées par les longues gousses qui assurent
la reproduction ; quelques arbres suspendus au-dessus de
l'abîme, et qui montrent presque autant leurs racines cram-
ponnées au roc nu que leur maigre branchage secoué par
un vent incessant ; des bouquets de bois habités par des
tribus de singes grimaçants : voilà ce qui anime cette solitude et lui donne un cachet à part.

Je ne voudrais pas pour beaucoup ne pas avoir vu cela.
Qui sait où les hasards de notre prochaine campagne nous
jetteront ? Peut-être au désert dans les plaines d'alfa.

O douce stabilité du foyer paternel, dis, qu'es-tu devenue ?

Tin-Brahim, 7 décembre 1875.

Un jour de pluie diluvienne. Les cataractes du ciel semblent ouvertes. Un ciel morne s'étend sur la plaine fangeuse,
plus morne encore. Il y a de quoi concevoir le spleen.

On ne saurait s'imaginer ce que l'absence momentanée
de l'astre du jour jette de désolation dans les pays aimés du
soleil ! là où il règne en souverain ; dans ces régions lumi-
neuses, dès que, semblable à Achille, le roi de la nature se

retire un moment sous sa tente, tout est perdu : la vie, la gaieté, la lumière; tout s'éteint à la fois, et l'homme, même l'homme du nord de la France, habitué à cette lune blafarde qui cherche si inutilement à percer les brouillards de nos villes manufacturières de Lille, Amiens ou Rouen, l'homme ne sait plus que devenir. Cet azur, cette incandescence de lumière, cette transparence de l'air, cette chaleur même, constituent si vite une partie de son existence!

Mais laissons cela.

Que de changements survenus! Je suis seul. Marcelle, dont la santé est altérée par trop de fatigue, est allée passer l'hiver chez sa mère avec nos bébés. Nous n'avons rien trouvé de ce que nous souhaitions.

Un agent de la société franco-algérienne, désireux d'obtenir un congé, cherchait un remplaçant; un ami commun nous a mis en relations, et voilà comment je me trouve si loin de tous ceux que j'aime. Mais c'est pour eux que je travaille, pour eux que je reprends courage lorsqu'un temps tout gris vient m'infiltrer de force la tristesse et le découragement. Était-ce un pressentiment quand je disais que la destinée me jetterait peut-être en plein désert?

Eh bien, j'y suis.

Je loge ou, plus réellement parlant, je campe à Tin-Brahim, qui n'est guère qu'une redoute, un ksour, à mille cinquante mètres d'altitude.

Si loin que l'œil s'étende, il se promène sur les plaines de cailloux. Pour me rendre à la concession des trois cent mille hectares d'alfa de la compagnie qui m'emploie... par ricochet, je suis obligé de suivre une route jalonnée de carcasses d'ânes, de chevaux ou de chameaux, pauvres victimes que les caravaniers laissent après eux, en s'estimant trop heureux de n'être point du nombre. Cette route est si peu fréquentée, que, pendant les premiers jours, mon approche faisait envoler des nuées de vautours, de corbeaux en quête de pâture. Aujourd'hui ils ne daignent plus se déranger : triste société, morne horizon.

Quelle impression bizarre l'on ressent lorsqu'on arrive en vue de ces immenses plaines si bien dénommées mers d'alfa ! Il faisait beau lorsque je les aperçus pour la première fois ; un soleil d'or se couchait dans un ciel embrasé ; la brise, cette bonne brise algérienne sans laquelle l'Algérie ne serait pas habitable pour nous autres Européens, rafraîchissait nos fronts, quand soudain je vis passer au loin dans la plaine comme une houle dont le frémissement se faisait sentir à perte de vue ; car l'alfa, cette richesse imprévue, cette fortune si longtemps méconnue, qu'un savant aimable [1] entre tous a découverte et rendue pratique, l'alfa couvre des millions d'hectares.

                                    15 décembre 1875.

Comme on apprend ! J'ai honte de mes plaintes, moi dont le sort est comparativement heureux ! Il faut avoir vu ce que j'ai vu aux Arbaouât, où m'appelaient les affaires de la compagnie, pour se douter de ce que l'on peut souffrir ici-bas ; car il est des misères qui défient toute description et dont il faut avoir été témoin pour les comprendre.

Jamais collection de créatures humaines, jaunies par les fièvres, paralysées par l'ophtalmie, terrassées par des maladies sans nom, étiolées par la faim, usées par la fatigue, pareille à celle que j'ai eu sous les yeux en venant ici ! Et comment pourrait-il en être autrement ? Ces populations possèdent à peine quelques huttes en pisé, autour desquelles on a disputé à la plaine aride de maigres jardins, où l'on cultive un peu d'orge et quelques légumes, et quels légumes ! et où poussent misérablement des arbres fruitiers

---

[1] M. O Mac-Carthy, actuellement conservateur du musée d'Alger, auquel ses innombrables travaux sur l'Algérie ont acquis des droits imprescriptibles à la reconnaissance de tous.

dégénérés, dont les fruits sauvages sont toujours dévorés avant leur maturité. Les plus riches y joignent une ou deux chèvres : voilà leurs ressources.

Il faut, il est vrai, y ajouter le maigre salaire en espèces que leur payent les nomades; car ceux-ci leur confient, à eux sédentaires, leurs provisions de grains, de dattes ou de beurre. Ces malheureuses femmes, qui n'ont de leurs heureuses congénères du Nord que le nom, gagnent, en tissant, les vêtements de tous. Elles font les burnous, les haïks, les habaïas pour ces mêmes nomades, et elles reçoivent pour toute rémunération une quantité de laine égale à celle qu'elles mettent en œuvre. C'est leur unique moyen de se procurer de quoi couvrir les membres grêles ou épuisés de leurs fils et de leurs maris.

Mais aussi ces misérables créatures sont-elles bien de la même nature que nous? Elles semblent appartenir à une génération de sorcières du moyen âge, qui auraient émigré pour retrouver une solitude que les bruits de la civilisation ne vinssent jamais troubler. Elles ont des vertus cependant. Elles travaillent, elles se dévouent. Ce qui leur manque, c'est de savoir qu'elles ont une âme, que l'existence a un but, et qu'au delà des maux qu'elles endurent avec une patience exemplaire, il y a plus et mieux que le ciel de Mahomet, dont elles sont exclues et dont elles n'ont jamais rêvé. Oh! qui le leur dira?

24 décembre 1875.

Quels déluges! Comme tout s'équilibre dans la nature. S'il reste sept mois sans pleuvoir, si la terre se durcit sous la réverbération d'un ciel d'airain, si la montagne elle-même, sous l'influence d'une chaleur torride, prend les tons incandescents de la roche brûlée, quand revient l'hiver,

quelle revanche ! Il pleut, il tonne, il neige, il grêle tout
à la fois, tandis que le ciel s'illumine d'éclairs. Et avec cela
il faut que je me rende à Géryville vers la fin de la semaine !
Heureusement que je ne suis ni de sel ni de sucre, autrement je serais fondu avant d'arriver.

Géryville, 29 décembre 1875.

Oh ! les contrastes ! Mardi, la terre détrempée semblait prête
à s'abîmer sous les flots d'un nouveau déluge ; un ciel d'un
gris uniforme répandait sa tristesse sur la plaine immense ;
on grelottait ; samedi, le ciel avait repris son azur, le soleil
sa chaleur, la brise ses fonctions caressantes ; partout où la
plante a pu se nicher, elle s'épanouissait dans sa verdure
naissante ; *tout était transformé, rajeuni, attrayant.*

J'ai accompli sans encombre mon voyage à Géryville, où
je suis encore retenu par le mauvais temps et un froid exces-
sif. Le froid aux portes du désert ou, à mieux dire, dans le
désert même ! Qui me l'eût dit il y a un an ? Et cependant
c'est vrai : 1, 2, 3° au-dessous de zéro. L'Arabe de la maison
où je reçois l'hospitalité entre chaque matin en soufflant
dans ses doigts, et en disant dans son langage figuré :
« Mezel[1], l'eau est sèche. »

Il est certain que l'Afrique du nord présente tous les cli-
mats de la mère patrie, et c'est un fait qui n'est pas assez
connu. Cette connaissance climatérique pourtant est la base
fondamentale de toute agriculture. On m'a parlé d'un endroit, Aïn-Azereg, où l'on retrouve tous les fruits de France,
et d'un autre où le thermomètre descend presque chaque
année jusqu'à 9° au-dessous de zéro, tandis que sur certains points du littoral il ne gèle jamais. Du reste, les froids

---

[1] Mezel, encore.

d'hiver ne sont rien; ils sont même très salutaires au sol; le pire, ce sont les gelées de printemps; cette année, en mai, il y a eu de la glace qui a tué les fruits presque mûrs, et ce qui avait réchappé de ce premier désastre a été perdu par les gelées blanches de juin.

Géryville est une petite ville militaire admirablement située à une altitude de treize cents mètres; ce qui, joint à l'extrême pureté de ses eaux, lui assure des conditions de salubrité exceptionnelles. Son nom seul suffit à rappeler un homme qui a à son actif un passé glorieux.

C'était pendant la lutte avec Abd-el-Kader, au printemps de 1845. Le colonel Géry, le premier, arrivait aussi loin avec sa colonne, débusquait l'émir et le rejetait sur le Maroc. La lutte reprit l'année suivante, vive, acharnée, ici et dans les environs, et lorsque huit ans plus tard il s'agit de baptiser le poste créé pour maintenir la paix dans la région, c'est le nom de Géryville qui s'imposa.

Je cherche en vain à tromper les ennuis de ma solitude; je languis, je languis loin des miens!

Aïn-Hadjar, 11 janvier 1876.

Me voici à Aïn-Hadjar, où l'on m'a placé à la tête d'un des ateliers de triage des alfas, et de leur mise en ballots par de fortes presses hydrauliques. Il y a toute une population ouvrière, espagnole pour la plupart, huit cents ouvriers et ouvrières, sans compter le personnel qui fait la coupe de l'alfa. Cette petite ville dans le désert est vraiment bien installée; il y a des maisonnettes à un rez-de-chaussée seulement, destinées aux travailleurs, et qui rappellent celles que l'on rencontre sur le chemin de fer du Nord aux abords des usines métallurgiques.

On ne se fait pas l'idée de ce qu'est le commerce de l'alfa.

Cette plante était employée depuis la plus haute antiquité à la confection de tous les menus objets de sparterie, qui trouvent leur utilité dans les ménages modestes. On en faisait des corbeilles, des paniers, des nattes, des tapis, des

VÉGÉTAUX DU DÉSERT
1. Palmier-doum.   2. Palmier-dattier.   3. Alfa.

sacs, et même des cordes et des câbles; mais ce n'est que lorsqu'on s'avisa d'employer l'alfa pour la fabrication des cartons et des pâtes à papier, que ce produit naturel des hauts plateaux acquit toute sa valeur commerciale. L'Angleterre seule nous en enlève bon an mal an soixante mille

2*

tonnes à cent vingt francs l'une. Cela fait plus de sept millions de francs, sans compter le mouvement communiqué au pays. Or le mouvement c'est la vie.

1er février 1876.

Tout reverdit. Le paysage est presque riant. Les pluies sont moins fréquentes et surtout moins abondantes; mais je m'ennuie, ô Marcelle, je m'ennuie! Quand reverrai-je les têtes blondes auxquelles revient sans cesse ma pensée?

25 février 1876.

Mon exil est prolongé d'un mois. Celui que je remplace abuse de la permission. Il est vrai qu'il est dans sa famille, et que c'est bien doux la famille! Patience, moi aussi, je la reverrai.

31 mars 1876.

J'ai rendu mes comptes; je suis libre. Je vais regagner Alger; mais, nouveau souci, y trouverai-je ce que j'y cherche? c'est-à-dire le toit modeste sous lequel réunir autour de moi ceux qui me sont chers, et le travail rémunérateur qui, malgré la fatigue, rend la vie si douce et si belle.

L'essai que je viens de faire me convainc de plus en plus que les bureaux ne sont pas mon fort. Il me faut la culture et la propriété, c'est-à-dire l'*espoir* de la propriété, pour

stimuler mon courage. Parlez-moi de la terre, cette bonne
mère nourricière au sein fécond. C'est à elle que je veux
consacrer mes efforts. C'est le moyen d'ailleurs de travailler
pour *tous*, le producteur de blé, de viande et de vin étant,
après tout, le plus indispensable serviteur de l'humanité.

Alger, 8 avril 1876.

Me revoici sur le pavé. Impossible de faire revenir la mère
et les enfants sans avoir pris une détermination. Mais je ne
suis pas seul à courir après les occasions, les bonnes surtout! Que de gens dans la même position que moi!

Un souvenir rétrospectif de mon excursion sur les hauts
plateaux.

Tandis que j'étais au bord des *chotts*, — pas de ceux que
le commandant Roudaire voulait transformer en une minus-
cule succursale de la Méditerranée, car ceux-là sont en
Tunisie, — je m'étonnais de la configuration de ces étranges
réservoirs; voici ce que l'on m'a raconté :

Au temps des idolâtres, ceux-ci, jaloux de ne pas avoir été
dotés d'une mer comme tant d'autres peuples, se mirent en
devoir d'en creuser une, et envoyèrent en même temps d'innombrables caravanes pour rapporter des outres d'eau de
l'Océan. Mais Dieu, irrité de tant d'audace, les fit tous périr
et détruisit leur ville, située près de Khadra, laissant sub-
sister, en témoignage de l'impuissance des hommes, ces lacs
informes et sans profondeur qu'on nomme les *chotts*.

Cette explication, fort peu géologique, ne contenterait pas
les savants; moi qui suis un ignorant, je lui trouve un certain charme. J'aime assez ces légendes qui témoignent de
sentiments poétiques chez les peuples et les individus qui
en paraissent le plus dépourvus.

En visitant les Arbaouât, j'avais remarqué les quatre

koubbas ou chapelles commémoratives qui ont donné lieu
à ce nom, *arba* signifiant quatre, et voici ce que je me suis
laissé conter :

Ces tombes furent édifiées par le chef des Oulad-sidi-cheik.
Il n'avait d'abord songé qu'aux marabouts de sa famille, et
pendant que trois dômes s'élevaient déjà sur la tombe des
uns, celle d'un quatrième restait *haouïta,* petite muraille
entourée de quelques pierres, et surmontée, comme tous les
haouïtas possibles, d'une demi-douzaine de chiffons éraillés
par le vent et la pluie.

Il paraîtrait que la jalousie est un sentiment d'outre-tombe,
même parmi les plus saints marabouts; car un soir que le
chef s'en retournait à la brune, il fut arrêté en chemin par
sidi Bou-Tkheïl, le marabout en question. Que se passa-t-il
dans cette entrevue? Le saint s'était-il drapé dans son
suaire pour terroriser l'esprit du voyageur? On l'ignorera
toujours.

Quoi qu'il en soit, le chef se montra sensible à ce qui lui
fut dit, car dès le lendemain les ouvriers se mettaient à
l'œuvre. Bientôt le saint homme put constater les progrès
faits par la blanche coupole, qui ne tarda pas à lui procurer
une ombre tutélaire, dont il profita, paraît-il, pour dormir
en paix à son tour. Ces koubbas sont placées sous la sauvegarde de l'extrême vénération de tous; c'est la piété des
fidèles qui les reblanchit fréquemment et les décore de tapis
et de foulards... de coton. Chacune d'elles a son *mokaddem,*
espèce de sacristain chargé de recueillir les offrandes et d'en
faire l'emploi... en vivant grassement aux dépens de son
saint.

C'est égal ! j'ai beau chercher à oublier mes sérieuses préoccupations, elles m'envahissent, elles me dominent. A quand
la *solution du grand problème de l'existence des miens?*

Chéragas, 25 mai 1876.

Encore seul! Cette fois j'ai bel et bien mis l'amour-propre
de côté; je suis aide-jardinier à Chéragas, dans la splendide
propriété de M. Chiris. Il y a tant à apprendre dans ce pays,

Chott algérien.

que, ma foi, j'eusse peut-être aussi bien fait de commencer
par là. Il ne faut jamais mépriser les débuts modestes; celui
qui dédaigne d'apprendre ne saura jamais rien.

Quelle attrayante culture que celle de toutes ces plantes
à essence! J'en ai compté vingt-six que je relève sur mon
mémorandum. Ce sont : la menthe pouliot, le myrte, le
petit grain citron, la bigarade, le romarin, la mélisse, la
sauge, le géranium, la marjolaine, le fenouil, l'absinthe, le

céleri, le laurier, l'origan, la menthe poivrée, le néroli
petit grain, l'anis, la sabine, la verveine, la fleur d'oranger
amère, l'héliotrope, l'œillet, le jasmin, le cassis, l'amande
amère, et enfin de l'eau de fleur d'oranger à désespérer les
célèbres alambics de l'île de Malte.

Mais les principales sont l'oranger, le jasmin, et surtout le
géranium-rosa, le pélargonium très odorant des botanistes,
dont les feuilles donnent à la distillation une odeur qui res-
semble si fort à l'essence de rose véritable, qu'on l'emploie
sur une très grande échelle pour falsifier ce précieux parfum.

C'était d'ailleurs inévitable, si l'on réfléchit à la difficulté
où l'on est de se procurer l'essence de rose pure et au prix
élevé qu'elle aura toujours. Il faut 250 à 300 *kilogrammes*
de feuilles pour obtenir 25 à 30 grammes d'huile essentielle,
ce qui la met à 1 200 et 1 800 fr. le kilo, alors que 100 *kilos*
de feuilles de géranium en donnent 120 grammes, qui se
vendent de 70 à 100 fr. le kilo.

Aussi falsifie-t-on à son tour l'essence de géranium avec
une autre essence tirée de l'*andropogon schœnanthus,* une
graminée des Moluques. Aujourd'hui le géranium couvre en
Algérie plus de 500 hectares, et fournit au commerce environ 6 000 kilos d'essence.

C'est pour le coup que Marcelle écrirait sur sa note :
Faire du géranium.

Quel joli coup d'œil que ces hectares de géranium, qui
n'ont rien à craindre ni de la gelée, ni de la cupidité des
Arabes, ni de la dent avide des chèvres! Une plantation
dure cinq ans, produit cinq coupes, une par mois, de mai
à septembre. Elle n'exige d'autre soin que le travail élémen-
taire du binage.

Quant à la culture de l'oranger, peut-on en concevoir une
plus charmante? Sont-ils jolis ces arbres chargés à la fois
de boutons, de fleurs, de fruits verts, de fruits mûrs, —
que les anciens, poètes sans le savoir, dénommaient les
pommes d'or des Hespérides, — et de ce beau feuillage lustré
d'une teinte si flatteuse à l'œil! Quel plaisir de travailler au

milieu de ces enivrants parfums! Je les aime en plein air;
je les redoute, par exemple, beaucoup dans les usines où
on les condense. Certes, ce que l'on extrait de la famille
des aurantiacées est délicieux en très petite quantité : le
néroli, les essences de petit grain, de cédrat, de bigarade
de Portugal, de citron et d'eau de fleur d'oranger; mais on
s'en dégoûte vite dès qu'il faut passer par les diverses phases
de la manipulation.

Décidément je veux bien être producteur, être le guide et
l'âme de la terre, mais c'est le seul rôle qui me convienne.

Cette branche des essences est pourtant appelée à un
immense développement, car les fils de l'Orient, les grands
seigneurs des harems ont cela de commun avec les pauvres
femmes qu'ils méprisent si fort, c'est d'être tout aussi ama-
teurs qu'elles de parfums. Partout où il y a des Orientaux,
on ne tarde pas à ressentir l'influence des effluves odorantes
les plus énergiques. Ils leur attribuent sur la constitution
humaine une influence plus ou moins discutable, — tout est
sujet à discussion dans ce bas monde, suivant le point de
vue auquel on se place, — mais qui les leur fait rechercher
avec empressement.

Or, d'après ce dont j'ai pu me convaincre depuis que je
suis ici, cette industrie, qui leur appartenait presque exclu-
sivement jadis, leur échappe aujourd'hui, tandis que le
goût, je dis plus, le besoin leur reste. Ils ne peuvent plus
rivaliser avec les Européens dans la préparation des véritables parfums, et de plus en plus ils deviennent nos tribu-
taires.

Du reste, comment pourrait-il en être autrement? Où se
procureraient-ils un outillage comme le nôtre? Les appareils
distillateurs peuvent contenir à la fois plus de 2000 kilos
de plantes fraîches, et sont entretenus de vapeur par quatre
générateurs, dont la surface de chauffe peut développer
une force de plus de soixante chevaux. A l'heure qu'il est,
l'Europe et l'Inde consomment sept cent mille litres d'essences odoriférantes tirées de l'Angleterre et de l'Algérie;

or l'Angleterre est notre principal débouché avec Paris, Grasse et un peu l'Allemagne.

Je ne sais vraiment si je ne me laisserai pas tenter par cette culture, si essentiellement propre au climat de l'Algérie; mais voilà, il faut ou des capitaux importants pour créer des distilleries, ou bien se fixer dans les environs des usines déjà existantes, et alors, près de ces grands centres de production, les terrains ont acquis une valeur telle que mes moyens, de plus en plus limités, m'interdiront cette satisfaction : 2 à 3 000 francs l'hectare!

Ah! je commence à voir à quelles difficultés se heurte le brave colon algérien.

9 juillet 1876.

Comme il y a longtemps que je n'ai conversé avec toi, pauvre journal; mais mon temps est absorbé par un travail incessant, et les quelques loisirs que je dispute au sommeil sont pour écrire à ceux qui se considèrent déjà comme mes chers exilés, là-bas; tant il est vrai que la patrie est là où sont nos affections, et que l'Algérie, terre française, s'empare des cœurs qui se donnent à elle, et s'en empare bien.

19 septembre 1876.

Mon engagement expire à la fin du mois. Toujours la grande, l'éternelle question de vivre. *Dura lex, sed lex.*

24 septembre 1876.

Quoi qu'il en soit, Marcelle ne veut plus entendre parler
de cette vie brisée, et je crois qu'elle a raison. Mieux vaut
vivre difficilement en unissant son effort et son courage
que d'être séparés. J'aviserai à lui donner la seule satisfaction qu'elle réclame : celle d'être la vie et la joie de mon
foyer.

Alger, 29 septembre 1876.

Euréka. Mon éducation d'aide-jardinier va me servir.
Monsieur Vidame n'aurait rien trouvé, Gérard Vidame est
hors d'affaire.

Un maraîcher des alentours de Rovigo vient de mourir,
et sa femme, qui est hydropique, ne peut continuer l'exploitation; elle a encore un an de bail, elle me le passe à
deux mille francs sans versement préalable. Il y a une jolie
maisonnette avec une treille devant. Il est vrai que les raisins
sont tous mangés, mais qu'importe?

Paul et Marcel vont-ils être heureux d'échapper à la vie
de la ville et de retrouver les courses folles à travers les
prairies! Et Marcelle! Elle connaîtra les délices de ces tièdes
soirées où la brise passe chargée des effluves les plus parfumées; car Rovigo a de splendides orangeries. Nous allons
y retrouver la culture du tabac et des céréales, que nous
connaissons déjà, et y apprendre celles du lin et du coton.
Dans huit jours la joie du revoir!...

Heureusement que j'ai fort à faire pour aménager la
modeste demeure où je vais retrouver les douceurs de la

vie d'intérieur; autrement le temps me semblerait bien long.

1er janvier 1877.

Comme les années s'écoulent! Déjà deux ans que nous étions si embarrassés. Pauvres oiseaux tombés du nid moelleux de la prospérité, nous étirions nos ailes meurtries sans savoir de quel côté prendre notre essor. Les premiers jours ont été bien rudes; la bise de l'adversité nous semblait bien aigre et paralysait notre volonté; mais, grâce à Dieu, le courage nous est venu : nous avons lutté, nous avons souffert, nous avons langui; le plus dur a été incontestablement d'être séparés. Tout est oublié aujourd'hui; nous savons qu'il faudra lutter et souffrir beaucoup encore, mais peu importe; nos âmes se sont aguerries et comme retrempées par l'épreuve acceptée avec résignation. Notre situation pécuniaire sans doute est toujours la même; nous n'avons pas encore gagné d'argent en Algérie; mais nous avons vécu en joignant les deux bouts, sans dettes, et nous savons que le travail ne nous fait pas peur.

Somme toute, j'ai lieu d'être satisfait de la dernière affaire que j'ai traitée; c'est de beaucoup la plus avantageuse. Nous serions riches si Paul et Marcel, au lieu d'être des gamins qui sèment nos eustaches et nous consultent gravement sur l'époque probable de l'éclosion de l'arbre à couteaux, étaient de robustes gaillards de quinze à dix-huit ans, prompts à manier la bêche et à transporter l'arrosoir.

Je le constate chaque jour davantage, ce qui manque à l'Algérie, ce sont les bras. Heureuses seraient ici les familles patriarcales! dix, douze, quatorze enfants, ce ne serait pas de trop; il y a place pour tous les efforts, pour toutes les bonnes volontés; petits et grands peuvent se rendre utiles.

Je le vois bien par mes petits hommes, qui n'ont que six et huit ans : ils donnent à l'occasion un coup de main pour une cueillette, pour un repiquage, et tous les pas de leurs agiles petites jambes sont autant d'épargné à celles de la mère ou aux miennes.

Nous nous croirions volontiers riches si nous étions stables, si nous travaillions chez nous et pour nous. Chaque marché bi-hebdomadaire nous met dans la poche des trente, quarante francs. S'il ne fallait continuellement payer de la main-d'œuvre, cela y demeurerait; mais, avec la meilleure bonne volonté, Marcelle et moi nous ne pouvons tout faire.

Je cherche autour de nous qui je pourrais appeler à mon aide, intéresser à mes efforts; j'ai bien des parents, mais ce sont tous des citadins ou trop riches pour avoir besoin de produire, ou qui se croiraient déshonorés s'ils s'occupaient de culture. Pour tant de gens, la seule objection à la terre est qu'elle est trop basse!

10 février 1877.

Décidément cette question de bras est une de nos grandes préoccupations à Marcelle et à moi. Je voudrais que le gouvernement me confiât une demi-douzaine de ses pupilles de la Seine, par exemple; pauvres enfants étiolés par un séjour prolongé dans les bas-fonds d'une grande cité, ils trouveraient sous une direction paternelle et intelligente, dans nos belles campagnes si souriantes et si parfumées, tout ce qui manque à leur débile enfance : l'air, le soleil, l'exercice, la gaieté et le bonheur de vivre qui dilate le cœur et le rend meilleur. Cela déchargerait à la fois le gouvernement d'une dépense, et cela aiderait la colonisation dans de fortes proportions.

Je ne parle pas des pénitentiaires, car j'avoue que, si la charge de quelques orphelins compensait par l'avantage de la production l'ennui d'un élément étranger dans la famille, l'idée d'avoir à lutter contre les vices déjà formés de cette triste génération qui prélude au bagne par la maison de correction, me révolterait absolument; sans compter que je ne voudrais pas exposer les âmes vierges de mes petits bien-aimés à un contact qui pourrait les déflorer; car, ainsi que l'a dit le poète :

> Le cœur de l'homme est un vase profond;
> Et si la première eau qu'on y jette est impure,
> L'Océan passerait sans laver la souillure,
> Car l'abîme est immense, et la tache est au fond.

Du reste, ce n'est point une innovation que je propose là. Il n'y a qu'à consulter les statistiques de la ville de Londres, qui écoule sur les fermes du Canada le trop-plein d'orphelins déguenillés que recueillent au préalable ses *ragged-schools*.

Marcelle me dit que je ne réussirai pas par ce moyen; mais la question subsiste entière dans sa pressante acuité. Des bras! où se procurer des bras? Ce Driot coûtait 750 francs et la nourriture à M. Fabié; il faisait bien pour vingt sous d'ouvrage... à lui tout seul! Il me faudrait dix hommes comme celui-là pour se tirer du travail que me feraient cinq à six gamins dont la nourriture ne me reviendrait pas à 2 000 francs par an.

7 mars 1877.

J'ai fait une innovation. J'ai quêté du fumier chez un voisin, qui s'est encore estimé heureux d'être débarrassé du tas qui croupissait sous sa fenêtre, sans profit pour personne, et j'ai quintuplé la surface réservée aux melons et aux pastèques. Ma femme dit en riant que je suis fou; j'ai mon idée.

Quel travail incessant! Qui reconnaîtrait ma Marcelle dans cette quasi-paysanne amaigrie, hâlée, toujours à l'ouvrage, toujours à la cueillette, toujours à l'expédition?

Que deviendrais-je sans elle? C'est son œil vigilant qui me garde d'être pillé, volé. Elle a raison: j'avais à faire connaissance avec Marcelle la fermière, la courageuse, l'énergique. Il ne me faudrait pas beaucoup d'inattention pour qu'elle fût la première et la dernière au travail; mais c'est une lutte d'honneur entre nous deux, et, je crois, ma foi, que les gamins s'en mêlent. Sous la direction éclairée de leur mère, ils sont déjà sensibles aux satisfactions intimes du devoir et du dévouement. Il faut voir comme les 7 500 trous de melons et de pastèques que nous avons faits depuis quinze jours ont été enlevés! Il faut attendre pour se prononcer si cela rendra ce que j'espère.

8 juin 1877.

Grâce aux arrosages, je n'ai pas une minute pour respirer; mais c'est égal, cela va bien, très bien même. Ma melonnière est superbe.

25 juillet 1877.

Nos premières expéditions de melons sont faites. J'ai déjà encaissé de ce chef plus de 3 000 francs; je suis enchanté de ma spéculation. Toutefois, comme les satisfactions d'ici-bas sont toujours mêlées de mécomptes, nous espérions traiter à nouveau avec le propriétaire, mais il n'y faut pas songer. Il avait laissé le bail en état par négligence, par incurie; il prétend maintenant presque le tripler, des rapports indiscrets sur le parti que nous tirions de la terre lui ayant été faits. Or travailler chez les autres et rien que pour le propriétaire, c'est oiseux.

Encore retomber dans les incertitudes où nous a plongés la misère, c'est dur, mais c'est la vie !

La culture du lin à laquelle on se livre sur une certaine échelle dans le pays me semble prématurée, faute d'usine où l'on puisse traiter les produits. Il en résulte que l'on est obligé de vendre la graine; il est vrai que la vente en est toujours assurée. C'est pourquoi on a adopté, paraît-il, le lin d'Italie, qui rend davantage, de préférence à celui de Riga, plus recherché pour la filasse. L'on est forcé d'abandonner aux bestiaux, sous forme de paille, les tiges, dont on ne saurait trouver l'emploi sur place.

Cependant plusieurs industriels sont venus en Algérie ces temps derniers, dans le but de rechercher si la production et la préparation du lin pourraient servir à l'alimentation des manufactures du nord de la France, et, dans ce cas, quels larges débouchés! car graines et fibres sont très belles et d'excellentes qualités. Il ne faudrait qu'un effort de capitaux pour la création d'usines à teiller le lin. Pour le moment, quelques promesses que fasse cette culture facile, je crois prudent de m'abstenir.

Quant au coton, je vois que c'est une production dérisoire et qui tend à disparaître du sol algérien, je ne sais trop pourquoi cependant, puisque la terre et le climat lui conviennent également; je suppose que c'est parce que nous ne saurions supporter la concurrence de l'Amérique, qui exporte des quantités colossales avec un transit relativement insignifiant.

29 septembre 1877.

Tout compte fait, mon année d'exploitation se résume ainsi :

Primeurs et légumes.	4127 fr.
Melons et pastèques.	5320
Total brut.	9447
A déduire : frais divers, main- d'œuvre, entretien, etc. . .	5207
Bénéfice net.	4240

O saint capital! lorsqu'on t'a connu une fois et que l'on te revoit, fût-ce sous ton expression la plus minime, quelle joie on éprouve, surtout si l'on t'a conquis à la sueur de son front !

Ces 4000 fr. nous paraissent avoir une valeur quintuple de celle que nous leur attribuions quand nos vignobles de là-bas nous versaient annuellement quinze à vingt mille francs de rentes. Mais nous voici comme le savetier avec ses cent écus. Tout nous inquiète pour la sécurité de cette fortune renaissante, et surtout la possibilité de rester sans travail et d'être obligés de l'entamer.

6 octobre 1877.

Le temps étant admirable, j'en ai profité pour procurer à ma femme et à mes enfants, qui m'ont si bien secondé dans la mesure de leurs forces, une journée de relâche complète et d'innocent plaisir.

Nous sommes partis à six heures du matin pour visiter les sources thermales de Hammam-Mélouan. Nous suivions la rive gauche de l'Harrach, auquel les premières pluies avaient rendu quelque vigueur. |

Cet oued, puisque c'est le mot consacré, et que d'ailleurs tout autre aurait en Algérie des visées par trop ambitieuses, cet oued, dis-je, débouche des gorges de l'Atlas et sillonne la plaine dans une plate et rocailleuse vallée qui encadre ses capricieux méandres.

Nous avions à remonter ces gorges vers le midi, et nous avancions insensiblement par un chemin d'abord facile, complanté d'oliviers, — car l'olivier est l'arbre par excellence de l'Algérie, — et puis d'arbres en taillis, chênes verts, thuyas, lentisques, etc. Vers le fond, la coupure de la montagne se rétrécit brusquement, au point de ne plus laisser pour chemin que le torrent encaissé entre des berges abruptes d'une hauteur sombre et sévère.

« Te souvient-il de notre dernière excursion dans les Pyrénées? — la seule, hélas! — disait Marcelle; ne se croirait-on pas au milieu d'un de ces gaves que nous aimions tant? »

Bientôt, en effet, nous n'eûmes plus d'autre ressource que de marcher dans le lit même de l'oued; heureusement qu'il nous laissait le champ libre, très libre même. Cependant, sur les sept fois que nous eûmes à le traverser sur un parcours de huit kilomètres, il nous arriva une aventure.

C'était à un de ces rares endroits où il y a de l'eau; il s'agissait de passer à gué, et les pierres étaient glissantes et humides. Comme je venais de déposer notre Paul sain et sauf sur l'autre rive, je me retourne, et qu'aperçois-je? Marcelle qui, pour montrer la sûreté de son pied, avait dédaigné la main que je lui tendais; elle tournoyait sur son talon et finit par s'asseoir au beau milieu d'un trou.

Pour une fois qu'il y avait de l'eau dans un oued algérien, il y en avait trop!

Olivier et son fruit.

La confusion de la délinquante était au comble; d'autant plus que lorsque je me fus assuré qu'elle ne s'était fait aucun mal, je ne pus m'empêcher de la plaisanter sur son bain forcé, et que nos petits coquins,—cet âge est sans pitié,—joignirent leurs éclats de rire aux miens. Marcelle a un bon caractère, il faut en convenir; car, dès qu'elle se fut un peu séchée au chaud soleil qui tombait d'aplomb dans la gorge, elle commenta avec nous le côté plaisant de sa mésaventure.

Cela nous retarda passablement, car, si peu d'amour-propre qu'on apporte à sa toilette en Algérie, elle ne pouvait s'exposer en cet état aux regards du caïd de Hammam-Mélouan, de la demeure duquel nous n'étions plus guère éloignés. Nous apercevions déjà le bouquet touffu d'oliviers qui dérobe jusqu'au dernier moment la koubba de Sidi-Sliman. Nous prîmes un léger acompte avant de nous remettre en route, et nous avions à peine fait cinq cents mètres, quand nous découvrîmes la hutte en roseaux qui sert à la fois d'habitation, de corps de garde et de café maure au grand justicier d'Hammam-Mélouan.

Il a fallu expliquer à Paul ce que signifie ce nom, car presque tous les noms arabes ont une signification pratique, et il l'a remarqué. Ce nom signifie « bain coloré » et a sans doute sa raison d'être dans les dépôts blanchâtres ou ocracés que l'eau abandonne, tant sur la terre où son trop-plein se déverse, que sur les débris végétaux qui flottent à sa surface.

« Les indigènes rapportent-ils cette coloration à quelque phénomène surnaturel? » me demanda Marcelle, qui sait combien les imaginations arabes sont éprises du merveilleux.

Je ne pus lui répondre très catégoriquement à ce sujet; mais toujours est-il qu'ils attribuent à la source une grande vertu et des qualités merveilleuses. Encore quelques jours, quelques semaines peut-être, et la saison des pluies aura rendu impraticable le chemin de la piscine. Mais dès les premiers beaux jours on verra toute la population indigêne s'acheminer, sur la recommandation spéciale de son marabout, vers ce pèlerinage renommé. Au point de vue arabe, c'est faire acte de religion et de salubrité à la fois; et ce qui assure avant tout le succès des eaux, c'est le génie qui préside à leur efficacité.

Tout en causant de la sorte, et après avoir fait la générosité à ma petite troupe de lui offrir pour trois sous de café maure en trois tasses, nous nous dirigeâmes vers l'établissement thermal.

Ce terme impropre me vient à la bouche par habitude, car des deux constructions qui existent aujourd'hui sur les eaux de Hammam-Mélouan, aucune ne mérite cette appellation grandiose : l'une est la koubba, l'autre un simple puisard.

Nous fûmes par grande grâce introduits dans la koubba, qui mesure cinq mètres carrés environ d'étendue. Ses murs en pisé sont épais. Nous entrâmes d'abord dans un petit vestibule, puis dans le bain, placé dans une sombre niche à peine éclairée par une crevasse pratiquée dans la voûte.

Naturellement nous commençâmes par ne rien distinguer, et je sentais la petite main frémissante de notre Marcel se crisper sur la mienne; mais bientôt nos yeux se firent à cette quasi-obscurité. Nous reconnûmes à nos pieds un bassin rectangulaire qui peut avoir deux mètres de longueur sur un mètre de large et soixante centimètres de profondeur, rempli d'une eau chaude assez claire.

La température de cette petite salle nous parut élevée, et la vapeur humide qui la remplissait gênait notre respiration. Tout autour des murs règne un banc de grossière maçonnerie qui s'harmonise avec le délabrement général de l'ensemble.

C'est que cette koubba remonte à une haute antiquité.

Il y a fort longtemps, paraît-il, vivait un bey très riche dont la fille était percluse de tous ses membres par suite de rhumatismes. Le père, — tendre par exception, — assembla en consultation tous les savants du pays, lesquels d'un

commun accord, rare chez des savants,— aussi ignorants,—
prescrivirent l'immersion de la malade dans le trou fangeux
où se réunissaient alors les produits de la source. La gué-
rison fut prompte et radicale, deux qualités que nos
modernes Esculapes n'obtiennent pas toujours. Le père,
reconnaissant, édifia de ses propres deniers le petit monument que sa pieuse destination a fait jusqu'ici épargner par
les générations successives, mais que le temps, grand ama-
teur de progrès et de changements, a moins respecté.

Je dois ajouter, pour être jusqu'au bout véridique, ce
que de vrais croyants, d'une foi plus robuste, m'ont affirmé
en un très mauvais français, n'ayant d'équivalent que mon
arabe : que la koubba n'est pas l'œuvre des hommes. Certes,
elle n'a rien d'assez somptueux pour être celle du diable
pourtant!

Elle serait sortie de terre miraculeusement, toute bâtie,
de par la volonté d'un très grand saint, qui n'avait jamais
sollicité les conseils de Viollet-le-Duc en architecture, et qui,
ayant employé toute sa vie à prier et à pratiquer la vertu,
voulait encore après sa mort être utile à ses frères en
Mohammed.

Nous n'avions pas choisi le vendredi pour notre excursion,
et c'était un tort, car le vendredi, jour saint chez les fidèles
musulmans, est celui qu'il faut préférer pour aller se régé-
nérer à la source vénérée. J'y étais venu une fois pour relancer
un Arabe très désireux de faire à mes dépens le commerce
de mes melons, et j'avais eu un aperçu de ce qui se passe.
J'avais vu des familles d'indigènes campées sous les oliviers
qui entourent la koubba; des nattes et des tapis couvraient
le sol; les haïks pendaient aux branches des arbres séculaires;
le cheval et la mule broutaient à côté du feu du bivouac,
où s'apprêtait déjà le café. Je pus donc raconter à Marcelle
ce qui se pratique en ces circonstances; c'est d'abord aux
femmes à prendre leur bain. Entrées dans la piscine, elles
s'y déshabillent et s'immergent aussitôt, ce qui se sait au
dehors par les *you, you, you, you* suraigus dont elles font

retentir la montagne. Elles croient ainsi rendre hommage
à la mémoire du saint protecteur de ces lieux salutaires.

La baignade ne dure pas au delà de quelques minutes;
alors commencent les mystères religieux.

C'est le plus souvent une poule sacrifiée vivante, dont le
foie et les entrailles, violemment arrachés du corps et jetés
dans le ruisseau, vont se perdre au loin; ce sont des bougies
allumées et bientôt éteintes, avec énonciations de paroles
cabalistiques; des morceaux de vêtements, des cheveux de
personnes aimées ou haïes, des versets du Coran, de la
poudre, cent objets divers, cachés et ficelés dans du papier,
que l'on insère dans les anfractuosités de la vieille muraille
de la koubba.

Désirs de vengeance et d'amour, espoir de fortune et de
santé, tout se formule ici avec ferveur, à voix basse, et
quelquefois dans le silence de l'adjuration mentale.

La prière et les vœux accomplis, on rajuste les vêtements,
on avale le café; les hommes fument, les femmes devisent
à part, et la famille reprend la route du douar, abandon-
nant avec confiance jusqu'à l'an prochain les amulettes
qu'elle a offertes au génie de la source, et dont elle rêve
les plus heureux résultats.

Ce ne sont point seulement les Arabes, mais les Maures
et les juifs d'Alger qui font un grand usage de ces eaux thermales salines, et si leur confiance absolue dans les sources
d'Hammam-Mélouan découle chez eux plutôt d'une foi su-
perstitieuse que d'une conviction scientifique impossible à
exiger de leurs *tobbas*[1], il est juste d'ajouter que la célé-
brité des eaux de Rovigo repose sur une valeur réelle et
incontestable. Plus de cinq cents cures effectuées dernièrement sur des Européens, atteints de douleurs ou de maladies de peau, en attestent les effets salutaires.

Et quand on pense que l'Algérie renferme ainsi *cent
quarante-trois* sources d'eaux thermales connues, pouvant

---

[1] Le *tobba* est le médecin.

soulager presque toutes les affections dont notre pauvre humanité est atteinte, comment voulez-vous que l'on ne soupire pas après le temps où, — sans jeu de mots, — ces sources de richesses incalculables seront entrées dans une phase d'exploitation régulière? comment voulez-vous que je ne m'écrie pas encore : Des bras! des bras! pour rendre à l'Algérie des roumis l'étonnante fécondité et la splendeur de celle des Romains leurs ancêtres?

Mais je crois que je m'écarte de mon sujet? On a parfois ridiculisé Caton avec le *delenda est Carthago* par lequel il terminait tous ses discours, mais je commence à le mieux comprendre. Ces répétitions deviennent respectables lorsqu'elles sont le produit d'une conviction ardente, et l'histoire est là pour nous prouver qu'elles ne demeurent pas inutiles. Des bras! des bras!

Nous avons fait provision d'entrain et de gaieté dans cette journée, donnée tout entière à la récréation. En approchant de Rovigo, nous en admirons les environs. Rien de plus pittoresque que l'ancienne ferme indigène, que le haouch arabe ou turc, aux fenêtres étroites ou grillées, blanchi à la chaux, encadré d'orangers et de vergers d'arbres fruitiers de toutes sortes. Quelquefois la ferme européenne qui l'a supplanté vient s'enchevêtrer dans la construction musulmane.

Décidément la Mitidja, qui paraît si unie, si monotone, quand on la voit des hauteurs de l'Atlas ou du Sahel, gagne beaucoup à être vue de près. Alors les plans, mieux accusés, les groupes d'arbres ou même les arbres isolés, palmiers ou oliviers séculaires qui se détachent sur l'horizon, la moindre maisonnette, prennent un caractère particulier et offrent un ensemble de paysages variés.

7 octobre 1877.

Aujourd'hui j'ai visité les carrières de Rovigo, celles de plâtre blanc et celles de sables siliceux propres à la fabrication du verre, du cristal et de la porcelaine; cela m'a rendu tout pensif. Évidemment il y a là, pour celui qui saurait en tirer parti, les éléments d'une fortune dont la perspective me souriait. Mais que faire sans argent?

Et puis le sage dicton m'est revenu en mémoire : « Chacun son métier, les vaches seront mieux gardées. » Je suis l'homme lige de la terre, et rien ne me déliera du nœud qui m'unit à elle. Cultivateur je suis né, et cultivateur je dois vivre, m'honorant encore de manier la charrue comme Cincinnatus ou comme l'empereur de la Chine. Il n'en est pas moins vrai que toutes les industries arriveront à fleurir sous le ciel d'Afrique. Le malheur est qu'en général on ne songe à y venir que lorsque, comme moi, on n'a plus de rentes dans son pays natal, et alors...

Mais je m'en tirerai. Je ne veux point me laisser abattre.

18 novembre 1877.

Nous voici campés au Ruisseau, à trois quarts d'heure d'Alger. Après bien des mécomptes, des espérances aussitôt envolées que conçues, j'ai reconnu que nous allions attenter à l'existence de saint Capital; et comme c'est un crime dont je ne veux pas charger ma conscience, j'ai sollicité et obtenu un poste subalterne au jardin d'essai. Mais que de choses n'ai-je pas à apprendre!

On m'avait offert l'intérim du service d'Alger à Tizi-Ouzou; quoiqu'on y gagne sa vie et qu'il y ait des profits qui rendent cet emploi avantageux, je n'ai pu prendre sur moi de l'accepter.

Je sais, parbleu! que les rouliers et les entrepreneurs de transport gagnent plus d'argent que le travailleur rural;

Bambous.

mais la pensée de fréquentation nous a retenus, Marcelle et moi.

Dans le tête-à-tête avec la terre, sa nourricière, l'homme des champs ne s'avilit pas, l'âme elle-même y trouve son compte, car le spectacle incessant de la création la rapproche du Créateur. Il n'en est pas ainsi pour celui qui s'expose volontairement à certains contacts. Bref, je suis comme l'oiseau sur la branche, guettant sans cesse le passage de l'occasion, cette chauve déesse qui *audaces fortuna juvat.*

3*

Il faudra qu'un de ses trois cheveux ne passe point à la portée de ma main pour que je ne la contraigne pas à s'arrêter pour moi.

Du reste, je ne me plains pas, — question d'amour-propre et de bénéfices à part, — de ma condition. J'ai moins de fatigue que lorsque je travaillais pour moi, et je suis à même d'apprendre mille choses curieuses.

Je m'intéresse tout particulièrement à la culture de ces magnifiques bambous qui forment un ombreux et colossal berceau au-dessus de nos têtes; j'ai eu l'occasion de vendre une centaine de rejetons de trente à quarante centimètres cinq francs pièce. Assurément, sitôt que je serai à la tête d'une exploitation à moi, j'en aurai.

Le bourgeon du bambou est fort curieux. Il est, à sa naissance, c'est-à-dire lorsqu'il sort de terre, enveloppé par des espèces d'écailles que l'on nomme en botanique des *ligules*. Lorsque le bourgeon est développé, ces ligules, qui accompagnent chaque nœud, se détachent et tombent. Elles ont une forme trapézoïde. Leur surface intérieure est lisse et comme vernissée, tandis que la surface extérieure est rugueuse et souvent revêtue de poils courts et caducs. La dimension de ces organes doit être de trente-cinq à quarante centimètres de hauteur, sur trente à trente-cinq centimètres de largeur à la base, pour qu'ils soient bons pour le repiquage.

Ces gigantesques graminées sont si belles et si utiles! On peut en faire tout ce qu'on veut, depuis des meubles de luxe jusqu'aux plus modestes ustensiles de ménage.

Dans un pays où le bois est hors de prix, puisqu'il faut le faire venir de loin, et où l'on aurait sans cesse besoin de constructions légères, telles que maisonnettes de garde sur les aires et dans les vignes, hangars, palissades, tonnelles, berceaux, le bambou trouverait si bien son emploi et des applications tellement multiples! Dans un autre ordre d'idées, divisé en baguettes plus ou moins épaisses, on en fait des nattes, des tables, des cordages, des toitures, des enveloppes pour les marchandises. Et dire qu'il ne faudrait que cinq ans, — et de l'eau, — pour doter ainsi une propriété, une commune!

Jamais je ne me serais figuré un épi de blé haut de cent pieds et gros à proportion. Il serait à désirer que cette végétation tropicale, qui réussit fort bien en Algérie, s'y multipliât sur tous les points; mais, d'une part, la première mise de fonds est trop considérable; secondement, il lui faut beaucoup d'eau; troisièmement, l'Arabe et le colon sont trop négligents et laissent fouler aux pieds des bestiaux toutes les jeunes plantations. Voilà pourquoi le bambou est et restera longtemps encore une plante rare, un objet de curiosité.

Il est une autre plantation qui m'intéresse extrêmement et pour cause : c'est celle de l'eucalyptus.

J'ai fini par comprendre ce qui manque aux paysages d'Algérie, excepté aux alentours des villes, bien entendu : ce sont des arbres, ces amis de l'homme des champs.

Avant de me décider à accepter le poste que j'occupe ici, en attendant mieux, j'ai dû me rendre au delà de Bordj-Bouïra, dans une propriété que l'on m'offrait, et qui de loin paraissait réunir tous les avantages d'une exploitation hors ligne, dans une région jadis renommée pour sa fertilité : la plaine des Aribs. Sur un parcours de vingt-cinq kilomètres, je n'ai point aperçu *un seul arbre*.

Étonnez-vous ensuite de trouver un pays brûlé, desséché, dont la terre s'écarte de manière à compromettre la sécurité de l'imprudent qui poserait son pied à faux dans une de ces fentes; on ne saurait imaginer l'impression de désolation que cela produit sur l'âme du voyageur. On l'a remarqué avec justesse : « Surtout dans les pays chauds, les forêts donnent la placidité et le calme à l'esprit; par conséquent leur influence pousse aux choses de raison. La dénudation, au contraire, rend l'esprit excitable, l'énerve par moment et nous fait gens d'imagination. Où trouve-t-on l'exaltation plus développée que dans les pays d'aridité? » Mais qui le croirait? cela influe sur le caractère, et beaucoup plus qu'on ne le croit généralement. Jeunes ménages qui rêvez le bonheur domestique, abritez-vous sous des bosquets ombreux!

Ne fût-ce qu'au point de vue de l'esthétique, les arbres sont indispensables au paysage. L'Algérie serait un paradis pour le touriste, l'artiste, le poète, si ses innombrables mamelons, ses ravins et ses vallées étaient boisés. Mais, hélas! c'est chauve et nu comme le crâne d'un immortel!

Et pourtant, de quelle utilité plus grande au point de vue de la colonisation ne seraient pas les arbres? Ne sont-ce pas eux qui protègent les sources en les empêchant de s'évaporer sans profit? qui attirent et retiennent les nuages, qui assainissent les régions marécageuses et malsaines, en pompant, à l'aide de leurs puissantes racines, le surplus de l'humidité du sol, et surtout en dégageant en tout temps d'immenses quantités d'oxygène, alors que les prairies et les champs de céréales, passés au niveau égalitaire de la faux ou de la moissonneuse, n'en ont plus à fournir?

J'ai cherché la raison de cet état de choses, et la voici telle du moins que j'ai pu la déduire de l'enseignement des faits.

La nécessité de se procurer des herbages, une profonde incurie, un manque complet de prévoyance ont amené chez les Arabes l'habitude d'incendier les forêts et les broussailles vers la fin de l'été; ils obtiennent ainsi au printemps une herbe verte et de jeunes pousses d'arbres dont leurs troupeaux sont friands. Ce système d'incendie a non seulement détruit les forêts, mais sur certain point il a profondément dégradé le sol en favorisant la production des ravinements par les grandes pluies d'hiver. C'est ainsi qu'a été peu à peu dénudée, malgré les puissants efforts de la nature, cette belle contrée que l'histoire nous montre ombreuse et parée des plus beaux arbres. Hérodote raconte que ce pays est montagneux et couvert de bois; Strabon nous dit que cette contrée abonde en toutes choses, produit surtout une grande quantité d'arbres d'une dimension extraordinaire, etc. Au moment de la conquête musulmane un auteur arabe écrivait que de Tanger à Tripoli ce vaste espace n'est qu'une ombre continue. Les nouveaux conquérants lui donnèrent le nom caractéristique d'*El-Kadra*, la verdoyante.

Quel changement! Et ce qui m'étonne, c'est qu'après cinquante ans passés de colonisation on ait fait si peu sur un sujet si important. Or, par la raison même qu'il s'est perdu un temps incalculable, celui qui veut remédier dans la mesure de ses forces aux inconvénients de ce déboisement général, doit faire vite et bien. Faire vite comme arbres de hautes futaies eût semblé jadis une anomalie; cela n'en est pas une aujourd'hui, grâce aux efforts d'un homme d'initiative qui a compris les causes d'infériorité de notre splendide colonie et a entrepris de les faire disparaître.

Cet homme utile est M. Ramel. Le moyen de faire vite est de planter de l'eucalyptus.

Cet arbre, originaire de l'Australie, offre deux cent cinquante variétés, les unes alpestres ou demi-alpestres, c'est-à-dire poussant à une altitude considérable ou à une altitude moyenne, les autres ne venant qu'en plaine; les unes donnant des sujets de première ou moyenne grandeur, d'autres ne produisant que des arbustes ou des arbrisseaux; les unes fournissant des bois de construction, les autres des essences ornementales propres à embellir la propriété ou à être placées dans les squares, au bord des routes et des avenues. Peut-on demander un choix plus considérable et mieux assorti aux besoins de notre colonie, veuve de la verdoyante majesté des arbres séculaires?

Or quelles sont les conditions de croissance de cet arbre? Une graine, semée au printemps dans de bonnes conditions, atteint en quatre ans la taille de quatre mètres cinquante et pousse donc de plus d'un mètre par an. Ceci étant donné, je ne m'étonne plus de ce que l'on m'affirme au sujet de l'âge de certains beaux arbres d'un mètre quatre-vingts de circonférence et de huit mètres de hauteur dont l'état civil porte huit ans seulement. — Car ils ont un état civil.

Pour atteindre un pareil développement, il faudrait à un

chêne *soixante-seize* ans. On m'a montré, — mais alors comme un arbre exceptionnel, — un eucalyptus du genre globulus, à Mustapha inférieur : il a onze ans, trente mètres de haut et trois mètres vingt-cinq de circonférence au ras du sol.

Je recueille avec un immense intérêt les observations sur la croissance de ces arbres, qui me paraissent destinés à fournir d'ici à quelques années une multiple source de revenus au cultivateur intelligent; car, en dehors des remarques que je consignais plus haut sur l'indispensable nécessité des arbres pour la colonisation, bien des choses seront plus faciles en Algérie, quand elle n'aura plus à importer des ports de Trieste et de Russie ses bois de charpente, de construction, ses traverses de chemin de fer, ses poteaux télégraphiques; et à cet égard la valeur de l'eucalyptus est un fait reconnu. Je compte bien, n'importe où je serai, m'assurer pour plus tard, ou assurer à mes enfants la richesse d'une plantation de *blue-gums*. Voilà pourquoi j'enregistre avec soin les faits suivants : L'eucalyptus croît avec une rapidité exceptionnelle; sa hauteur moyenne, lorsqu'il est centenaire, est de soixante à soixante-dix mètres, sa grosseur de neuf à dix mètres de diamètre. Je ne les verrai pas en cet état, mais

Mes arrière-neveux me devront cet ombrage.

Je m'arrête, il y a trop à dire; et, pour résumer mes impressions, je dois constater qu'il est dommage que cet arbre, aussi beau l'hiver que l'été, ait un feuillage si triste.

1ᵉʳ décembre 1877.

Encore un de ces jours de pluie diluvienne qui donne-
raient si vite le spleen. O pays aimés du soleil, chantés
par les poètes, pourquoi faut-il que vous soyez astreints
comme les autres à des nécessités climatériques! Un soleil
sans tache, un azur sans nuage, une brise toujours également parfumée, une verdure incessamment éclatante, un
printemps idéal, un paradis éternel : voilà ce qu'on attend
de vous; et comme tout ce qui, vu de loin, promet trop,
vous ne pouvez nous satisfaire entièrement. Heureusement
peut-être! si vous nous attachiez trop à la terre, vous
détourneriez nos yeux de l'avenir vers lequel nous devons
tendre.

Avant-hier je travaillais en bras de chemise, aujourd'hui
je grelotte devant mon feu, et les idées noires envahissent
mon cerveau. Il est vrai que j'ai un coryza, — style du docteur, — et que Marcelle est dehors par ce temps. Elle me
seconde partout et toujours de son mieux; naguère elle était
paysanne, et ses mains, que j'ai connues si fines et si blanches,
se durcissaient sous le cal du travail; maintenant, profitant
du voisinage d'Alger, elle s'est procuré deux ou trois leçons
de langues et ajoute ce produit à nos maigres ressources;
mais nous n'entamons pas notre petit capital. Elle se refait
un peu à ce régime pourtant plus fatigant que régénérateur.
Elle était si exténuée!

8 décembre 1877.

Décidément cette veine de mauvais temps ne veut pas
s'épuiser. On me conseille d'accepter les propositions d'un
Américain venu au jardin d'essai pour s'enquérir du prix des

autruches et monter une autrucherie. Je me suis donc informé
de ce que pouvait donner une pareille industrie, dont naguère
je ne soupçonnais même pas l'existence, et les chiffres me
paraissent bien tentants : quatre-vingts francs net de revenu
annuel par tête de bétail, — car il paraît que c'est un bétail;
— je verrai, je me renseignerai.

15 décembre 1877.

Quelle persistance de mauvais temps! C'est à peine si le
vent, la pluie, la grêle, les éclairs, le tonnerre, la neige se
donnent la peine d'alterner; tout cela est en l'air à la fois et
bouleverse l'atmosphère. C'est long.

25 décembre 1877.

Oh! la délicieuse journée! nous l'avons passée au Frais
Vallon, charmante promenade près d'Alger. Un soleil radieux
et chaud pailletait d'argent la mer bleue, dont on ne se lasse
jamais d'admirer la splendeur; des parfums s'échappaient
de tous les jardins, où l'on apercevait les orangers chargés
de fleurs et de fruits, les citronniers, les grenadiers et un
arbre à grosse fleur rouge dont le nom m'échappe, mais qui
trouvera place chez moi, et des géraniums de toutes les
variétés, des belles-de-nuit et des jasmins à la fleur étoilée;
que sais-je encore? Tout le monde était en habit de gala, et
les toilettes claires s'épanouissaient comme des corolles de
fleurs à ce gai soleil, sans qu'on songeât à leur crier :
Cachez-vous, car c'est l'hiver. C'était le printemps, c'était
l'été; c'était tout ce que vous voudrez, mais c'était charmant.

29 décembre 1877.

Il n'y a pas à dire, mon Américain tenait à m'enrôler, et
j'ai failli céder, car il paraissait si convaincu! Et s'il y avait

Autruches.

eu tant à gagner pour lui, j'en aurais eu ma bonne part,
puisqu'il m'associait à ses bénéfices et qu'il fournissait la
mise de fonds.

Sur les cinquante autruches du jardin d'essai, il a acheté
d'un seul coup dix couples pour 10 000 francs, et deux
autruchons de trois à quatre mois, 250 francs pièce. Il a

choisi le mode d'élevage à grand parcours, où l'on donne
deux hectares d'enclos au moins par couple; cela ne le
gênait pas, il a acheté une propriété de deux cents hectares. J'ai bien hésité, car cela me tentait; mais j'aime
mieux agir à coup sûr. Et puis le commerce exige la plume
vive, c'est-à-dire arrachée aux parties les plus sensibles de
l'animal, malgré la souffrance extrême que cela lui cause et
le sang qui ruisselle de chaque blessure. Ce métier de bour-
reau ne me convenait pas.

Néanmoins cela m'a intéressé à ces curieux volatiles. J'ai
appris entre autres choses que la reproduction de l'autruche,
autrefois très précaire à cause de la quantité d'œufs que la
femelle perd à chaque ponte, est aujourd'hui parfaitement
résolue à l'entière satisfaction du producteur, car il est
désagréable de perdre vingt à vingt-cinq œufs valant
14 francs la paire, et ayant les mêmes qualités nutritives
que les modestes œufs de nos poulaillers. Un œuf d'autruche
fournit à lui seul une omelette équivalant à celle que donne-
raient douze œufs de poule.

Eh bien! j'aime mieux le croire que d'en faire l'essai; une
omelette de 7 francs me chargerait trop l'estomac!

J'ai noté au passage le renseignement suivant pour fixer
dans ma mémoire le nom scientifique de cet animal.

L'autruche, le *strutho camelis* de Linné, est appelée en
arabe *nama,* au pluriel *naam.* Les anciens Arabes croyaient
l'autruche fille d'un oiseau et d'un chameau, aussi l'appe-
laient-ils « l'oiseau-chameau », dénomination usitée même
dans les langues anciennes. C'est égal, je suis de l'avis de
Paul et de Marcel, ces bêtes ont l'air par trop stupide. Ce
long cou flexible de trois à quatre pieds, cette tête aplatie,
ces grands yeux ouverts et effarés, leur constituent une laide
physionomie.

9 janvier 1878.

Pauvres autruches! je leur ai porté malheur. L'autre matin, nous avons trouvé étendu et presque mort près de la grille de son parquet notre plus beau mâle reproducteur, qui à lui seul valait 600 francs. Des plumes étaient répandues sur le sol; il avait été, pendant la nuit, étranglé par un malfaiteur. La pauvre bête est morte le jour même. On a résolu de faire l'autopsie, et voici le résultat qu'elle a donné; j'ai trouvé qu'il valait la peine d'être conservé. L'état de l'estomac est ce qu'il y a de plus curieux dans les autopsies de ce genre.

Le deuxième estomac contenait des aliments en assez grande quantité, composés de grains d'orge mêlés à de l'herbe et à une quantité énorme de cailloux, quantité qu'on peut évaluer à deux kilogrammes; ces cailloux sont nécessaires à la digestion et se rencontrent toujours dans les organes digestifs de cet oiseau. Le gésier ou troisième estomac, beaucoup moins volumineux, contenait à peu près la même chose.

Il y avait en outre dans le deuxième estomac une grande quantité de corps étrangers mêlés aux aliments; c'étaient surtout des choses qui avaient été brillantes.

Voici l'énumération des objets composant cette espèce de bazar, qu'on trouve toujours d'ailleurs chez ces animaux, mais plus ou moins riche et varié :

Trois pipes en terre parfaitement intactes, et devenues de couleur verte; un couteau à manche de cuivre, long de deux décimètres; vingt-cinq boutons de divers corps d'infanterie, plus ou moins usés, et dont l'examen aurait pu faire reconnaître, par le degré de l'usure éprouvée, l'ancien-

neté du séjour de ces régiments à Alger; les plus usés por-
taient le n° 42, les plus intacts le n° 100; une pièce de
cinquante centimes presque neuve, plus trente-deux sous ou
centimes, pièces de cuivre plus ou moins usées; sur la plupart d'entre elles l'effigie avait disparu; une cinquantaine de
pièces de cuivre très usées, réduites à l'état de paillettes
triangulaires; des parcelles de chaînes de montres, vingt-
six menus débris, parmi lesquels je dois signaler dix perles
assez grosses provenant des verroteries très en faveur chez les
nègres; des objets en métal indéterminé; six grosses noix
entières, sans doute introduites depuis peu; plusieurs morceaux d'une canne d'aubépine, sans compter une masse volu-
mineuse de linge, d'étoupe, de sable et de lambeaux de
vêtements dont le poids a été évalué à trois kilogrammes
et demi.

Enfin un morceau de fil de fer, long d'un décimètre,
avait traversé les parois du gésier, et se trouvait dans l'épaisseur des parois de l'abdomen parfaitement enkysté et sur le
point de sortir; un centimètre d'épaisseur des muscles le
séparait à peine du dehors. Il y avait adhérence du gésier
avec les parois abdominales vers le point qui avait livré passage à ce fil de fer. La présence de ce corps étranger n'avait
pas occasionné le moindre dérangement dans la santé de
l'oiseau.

Tous ces objets donnaient un poids total de cinq kilogrammes huit cent soixante-dix-huit grammes. Et l'animal
avait toujours paru, jusqu'à sa mort, arrivée par accident,
comme je l'ai constaté plus haut, jouir de l'exercice régulier
de toutes ses fonctions! L'*estomac d'autruche* mérite bien,
on le voit, sa proverbiale renommée.

La presque totale disparition de l'autruche du nord du
Sahara, à la suite de la chasse qui lui a été donnée, a ralenti
en Algérie le commerce des plumes et des œufs. Ce fait regret-
table justifie l'ardeur que quelques industriels courageux con-
sacrent à leur élevage et à leur domestication, soit en Algérie,
soit à Madagascar. Quoique entre la plume, les œufs, et la

chair, qui est excellente et transformerait cet animal, comme le
casoar d'ailleurs, en *oiseau de boucherie*, quoique ces trois revenus, dis-je, fassent d'une autrucherie une excellente opération financière, pour l'exportation le rendement est encore plus
productif, surtout quand l'Amérique s'en mêle. En effet, le
nouveau monde ne possède pas l'espèce fournissant la plume
dite marabout. Lorsque tel ou tel royaume ou république en
demande à l'Afrique, on vend le couple jusqu'à 2500 francs.

Il y a au jardin d'essai un vétéran de la conquête qui jadis
a chassé l'autruche. Voici ce qu'il me racontait à la suite
d'un de ces émouvants récits de chasse qui font encore
battre mon cœur.

« Aussitôt que l'autruche voit briller l'éclair et l'orage se
préparer en un lieu quelconque, elle y court, fût-elle à une
grande distance : cent lieues ne sont rien pour elle. Aussi,
dans le désert, on dit d'un homme habile à soigner les troupeaux et à leur procurer les choses nécessaires : Il est comme
l'autruche, où il voit briller l'éclair, il arrive. »

Cette singulière prédisposition s'explique.

Il ne pleut guère que par orage dans le Sahara, et la
moindre pluie est une sorte de résurrection pour tout ce qui
végète au désert. L'herbe à moitié desséchée relève sa tête
poudreuse et verdoie; le palmier secoue la poussssière de son
élégante frondaison et balance à la brise rafraîchie ses longues
feuilles retombantes. Ce sont des conditions de bien-être
exceptionnel pour tout ce qui a vie. Voilà pourquoi l'autruche accourt.

15 juin 1878.

Encore une offre bien tentante; est-il sage de s'y arrêter?
Mais il faut toucher à saint Capital.

Il s'agirait d'une association pour acheter des grains, cette sorte de spéculation étant souvent très avantageuse en Algérie, où les orges, particulièrement, ont une très bonne renommée pour la brasserie, et trouvent leur débouché le plus important en Angleterre. Marcelle n'est guère de cet avis; elle redoute les associations : « On s'associe au nom de Dieu, et on se sépare au nom du diable, » me disait-elle ce matin. Je ne vois pas que ce soit une règle sans exception.

29 juin 1878.

Tout vient à point à qui sait attendre. Tandis que nous nous désolions de perdre ainsi à végéter un temps précieux pour l'avenir, Dieu, qui jusqu'à ce jour avait soutenu notre courage, nous envoyait un secours inespéré, et notre situation s'éclaircissait. Une vieille cousine que nous connaissions à peine s'avisait, sous l'empire d'un rare esprit d'équité, de nous coucher sur son testament avec un tas de collatéraux, et de mourir après avoir eu cette bonne pensée.

Il ne nous revient pas grand'chose, une quinzaine de mille francs peut-être; mais comme cela change! notre horizon a repris cette teinte intermédiaire qui n'est plus noire et qui n'est pas encore rose. Je vois passer dans mes rêves « de grands bœufs blancs marqués de roux », des moissonneuses-lieuses, des moutons mérinos, de superbes chèvres angora, des grappes de raisin à enlever les primes de vingt concours! Et ma femme donc! Elle lit tous les traités qui s'occupent de laiterie, de fromages. Comme on est donc encore enfant à trente-deux ans lorsqu'on est heureux!

Mais le sentiment qui nous domine est celui d'une profonde reconnaissance.

« Tu vois bien, me disait Marcelle ce matin, que Dieu travaillait pour nous! »

1ᵉʳ septembre 1878.

J'ai quitté ma place hier. Il me faut bien ce mois avant de
m'être préparé à la campagne de 1878-1879.

J'ai passé un traité pour cent hectares de terres arables
à 75 francs l'hectare. Elles ne sont pas débroussaillées, mais
il y en a une partie qui sera facilement défrichable, et c'est
meilleur marché que les terres de colonisation.

J'ai eu un moment de gros cœur lorsqu'il a fallu verser
au notaire environ 8 000 francs. Beaucoup me conseillaient
de demander purement et simplement une concession; mais
à quoi m'aurait servi ce que j'ai acquis d'expérience dans
ces longues années de préparation? On m'eût donné une
concession, c'est vrai, mais où? à Djelfa peut-être, dans
une terre sans doute uniquement propre aux céréales.

Pour arriver à ce que je veux : diviser mes efforts, afin
de ne pas mettre, comme on dit vulgairement, tous mes
œufs dans un panier, il faut que je puisse faire à la fois de
la viande et du vin, les deux productions qui sont d'une
demande continuelle et croissante; et comme toutes les cultures sont sujettes à des variations, il faut savoir les diver-
sifier pour qu'elles ne risquent pas de manquer toutes à la
fois.

C'est pourquoi j'aime mieux faire le premier sacrifice, qui
m'assure l'avantage de choisir ma région. Nous allons nous
établir à Marengo, en attendant que notre modeste installation soit prête. Et comme je tiens à planter de la vigne cette
année encore, nous allons nous mettre sans retard à défri-
cher. Je ne veux pas faire comme tant d'autres dont j'ai eu
l'exemple sous les yeux, qui mangent leurs quatre sous à faire
bâtir et finissent ensuite par ne pouvoir rien planter.

Marengo, 15 septembre 1878.

Nous arrivons de Fedjana... Nous voici donc propriétaires, mais beaucoup plus que nous ne voudrions l'être, — s'il est possible de signaler des degrés dans ce bienheureux état, — car il y a des quantités de palmiers nains sur nos mamelons; heureusement, et voici déjà un des bons côtés de la dépense que je me suis imposée : je suis à dix-sept kilomètres de Cherchell, port de mer, et par conséquent débouché facile et peu coûteux. Le palmier nain (*chamærops humilis*), — on se souvient de son stage au jardin d'essai! — le palmier nain, dis-je, a des applications commerciales : sa fibre résistante lui fait trouver un emploi pour la fabrication des pâtes à papier et à carton, mais surtout pour la fabrication du crin végétal. La feuille ne se vend guère que deux francs à deux francs cinquante le quintal, mais cela monte vite. Loin de me désoler, je vois que je vais tirer un premier résultat parfaitement inattendu. Ah! comme avec des bras le travail se ferait plus rapidement et d'une manière moins onéreuse!

18 septembre 1878.

Les maçons ont reçu leurs instructions; ils ont promis de se rendre à leur tâche dès ce matin. Pourvu qu'ils ne me manquent pas de parole, comme font si souvent les ouvriers d'Algérie! On dirait que les plus honnêtes corporations ont laissé leur honneur et leur esprit de corps en France! C'est ici qu'on peut dire que *promettre et tenir font deux*.

25 octobre 1878.

Mes hommes m'ont tenu parole; aussi les fondations sont terminées et les premières assises posées. Je fais marcher

Chasse à l'autruche (Algérie).

de pair la construction et le défrichement, afin de ne point perdre de temps. J'ai déjà des quantités de palmiers nains et un acheteur sous la main.

4

J'avais chargé un cultivateur de Zurich de donner un premier labour sur une partie des terres que je veux ensemencer en céréales; il s'était engagé à faire comme pour lui; mais je ne me contenterai plus de cette promesse désormais.

Je trouvais que le travail marchait fort rondement, et je m'en félicitais, quand j'ai découvert d'où provenait la rapidité avec laquelle il avançait. Mon homme mettait bien sa défonceuse ici, par exemple, et la terre déversait du côté droit, mais à la raie suivante il prenait cinquante centimètres plus loin que la raie précédente, et me laissait ainsi plus de la moitié du sol non défriché.

J'étais indigné de cette manière de procéder; mais on m'a fait observer que telle était l'habitude ici, et il en résulte que mon homme a bien fait *comme pour lui*. Il ne me convenait pas de me contenter d'un semblable travail, et j'ai saisi la première occasion pour le faire discontinuer. Si en Algérie on se déclare satisfait d'un semblant de culture, ce n'est point une raison pour que j'en fasse autant.

15 novembre 1878.

Mes labours marchent bien. Le terrain que j'ai choisi pour ensemencer cette année est peu embroussaillé et d'une culture facile. Dès l'aube, je suis à la besogne et ne la quitte qu'après le coucher du soleil, me reposant seulement le temps nécessaire pour faire manger mes bœufs. Quand je suis fatigué, — et je dois convenir ici que la vie que je mène est fort pénible, — j'ai pour m'encourager la perspective d'une bonne récolte à faire dans quelques mois et la vue délicieuse de ma maisonnette, qui avance lentement, trop lentement au gré de mes désirs, mais enfin qui avance.

Voici mon plan :

La façade principale tournée au midi ; la porte d'entrée au milieu de la construction ; un corridor d'un mètre de largeur allant du midi au nord, afin de pouvoir aisément aérer, chose plus indispensable en Algérie qu'ailleurs ; de chaque côté du couloir deux pièces, y compris la cuisine. Chaque pièce aura sa fenêtre et sa porte de communication avec la pièce voisine ; vingt mètres carrés pour chacune d'elles et quatre mètres de hauteur.

Sur l'un des côtés de la maison, au levant, je fais faire une cour fermée avec écurie, bergerie, porcherie et hangars. Un puits sera creusé au milieu de la cour, afin d'avoir toujours de l'eau à ma disposition pour tous les usages domestiques et pour les bestiaux. En attendant, une source voisine fournit largement à tous nos besoins.

Ah ! si je pouvais un jour faire une fontaine avec abreuvoir, lavoir, et un réservoir pour l'irrigation de mon jardin !...

Mais chut ! la modicité de saint Capital ne me permet pas de me livrer encore à de semblables dépenses ; soyons prudents et sachons attendre ; c'est là un des éléments du succès ; je ne le négligerai pas.

Je tiens essentiellement à ce que toutes mes bêtes aient leur logement particulier ; je ne veux point faire comme certains colons dont j'ai eu l'occasion de visiter l'installation, et qui mettent pêle-mêle chevaux, bœufs, moutons, cochons, poules, canards, pigeons, etc. La cohabitation des animaux domestiques présente de graves inconvénients, qu'il faut éviter à tout prix. La dépense à faire dans ce but est largement compensée par les avantages que l'on en retire.

25 novembre 1878.

Quelques jours de pluies diluviennes ont interrompu mes travaux. Les maçons sont arrêtés, et mes bœufs se reposent. La terre est tellement détrempée, qu'on ne saurait y toucher; mais peu m'importe! Nous sommes à couvert dans le domicile provisoire que nous avons construit, et je profite des éclaircies pour dessiner mon jardin. Ne faut-il pas des légumes pour les gens et pour les bêtes?

L'emplacement que je destine à mon potager touche presque à la maison et est en face de la porte d'entrée, par conséquent nous pourrons le surveiller en tout temps, afin de le garantir des voleurs et des bestiaux.

J'ai oublié de dire que dans mes cent hectares il y a environ dix pour cent de bois de très belle venue. Les pins, les chênes verts et les oliviers en sont les essences principales; si je compte greffer ces derniers afin de pouvoir faire une ample récolte d'huile, j'utiliserai les premiers comme bois de chauffage, et peut-être un jour y trouverai-je des sujets propres à la construction.

En attendant, je vais abattre une certaine quantité de branches diverses auxquelles je joindrai les touffes de jujubiers récemment arrachées, et je ferai du tout une barrière continue pour entourer mon jardin; cette clôture en vaut bien une autre et a le mérite de ne pas coûter fort cher.

Mais n'allez pas croire que ce soit autre chose que du provisoire. Je compte planter une haie vive d'aubépine; j'ai demandé au jardin d'essai les sujets dont j'ai besoin pour cela, et je vais faire commencer les fossés. Dans quatre ans d'ici j'aurai une barrière plus infranchissable qu'un mur, et qui ne m'aura coûté que de la peine, denrée que je n'épargne point.

1ᵉʳ décembre 1878.

Voilà le beau temps revenu. Quel splendide soleil !

> ... Comme la terre est verte
> Et que le ciel est bleu !...

La température est si douce ! A peine s'il est besoin, le soir à la veillée, de s'approcher de l'âtre dans lequel pétille le bois de pin !

J'ai fait des semis d'eucalyptus, de magnolias, de cyprès ; — ces derniers me serviront de brise-vent pour le côté nord du jardin. — Mes aubépines sont plantées et ma clôture provisoire achevée.

Je puis donc en toute sécurité me livrer à la culture des choux, des raves, des carottes et autres légumes dont le besoin se fait plus vivement sentir de jour en jour à la maison. Marcelle se désole de dépenser tant de sous pour acheter ce dont nous devrions avoir à revendre, répète-t-elle sans cesse.

L'an dernier j'ai eu une excellente inspiration. Prévoyant que j'aurais peut-être un jour une propriété *à moi*, j'ai mis en pots un certain nombre de noix bien choisies, et en mai dix de ces noix m'ont donné de jolis noyers que j'ai arrosés et soignés d'une manière toute particulière ; je viens de les mettre en pleine terre dans un coin du potager, en attendant qu'ils soient assez forts pour les placer à l'endroit qu'ils devront occuper plus tard.

Il est de convention en Algérie, dans un certain monde de colons, que le noyer et le cerisier ne peuvent pas prospérer en cette terre d'Afrique et donner de bons fruits. Je suis persuadé du contraire, car j'ai vu en maints endroits do fort beaux cerisiers, et j'ai entendu dire que du côté d'Aumale les noyers réussissent parfaitement.

J'aurais bien voulu complanter d'arbres fruitiers mes cinquante ares de jardin; il me tarde d'avoir des fruits, car c'est chose rare en Algérie. C'est comme les fleurs, personne ne semble y tenir; mais deux raisons m'ont obligé à renoncer à mon projet *pour cette année :* 1° la dépense très forte que cela occasionnerait; 2° le manque d'eau probable pour l'été prochain. Les jeunes arbres ne sauraient se passer d'être arrosés au moins trois fois dans le courant de la première année, et je n'ai pas d'eau. Oh! ma source! ma source! quand donc ton onde bienfaisante viendra-t-elle rafraîchir ma terre grillée par le hâle et les rayons brûlants du soleil?

Décidément cette source malencontreuse me trotte un peu trop dans la tête; elle est fort capable de donner un rude assaut à saint Capital; heureusement que le dragon des Hespérides, pardon, Marcelle, veux-je dire, est là pour le défendre contre toutes les attaques des ennemis!

Mais la source est-elle mon ennemie?

Oh! non, sans doute; elle est ma meilleure et ma plus intime amie, car c'est d'elle que j'attends en grande partie l'heureux avenir de mon exploitation. Je veux et je dois réfléchir à tout cela, et, qui sait? peut-être un jour convaincrai-je Marcelle.

15 décembre 1878.

Ma petite maison est terminée; nous nous y sommes installés hier. Le reste de la construction marche à grands pas, et j'espère bien qu'avant un mois tout sera fini. Il me tarde tant de voir mon organisation complétée par l'achat des bestiaux dont j'ai besoin. Le marché de Marengo est largement approvisionné sous ce rapport, et du reste nous ne sommes pas tellement éloignés de Boufarik, le marché le plus important de l'Algérie, qu'il ne soit pas possible d'y aller faire nos achats.

D'ici à fin mars nous ne pourrons guère songer à nous monter, comme on dit dans le pays, car nous n'avons pas de fourrage à donner à nos bêtes; il faudra attendre que la prochaine herbe soit assez forte et assez nourrissante pour la faire manger; mais la plus grande difficulté n'est pas encore là : nous n'avons pas de paille, et sans paille pas de fumier possible,—du gros fumier, s'entend.—Je connais bien le moyen de faire un autre engrais; mais celui-là ne peut être mis partout, et on ne saurait en obtenir qu'une quantité relativement restreinte. Cependant j'en ferai toujours assez pour fumer largement mon jardin. Quoi qu'on en dise ici, il n'y a pas de récolte possible si on n'engraisse pas la terre.

Comme tous les nouveaux arrivés, je suis en butte aux visites et aux questions des colons des environs. On me demande ce que je compte faire, à quelle culture je vais spécialement me livrer, quel sera mon mode d'exploitation, etc. etc. Bénévolement j'ai répondu en toute franchise, car je n'ai rien à cacher; mais j'ai eu lieu de m'en repentir. On se moque de moi, on m'appelle visionnaire et faiseur d'embarras, et on affirme qu'avant deux ans j'aurai mangé mes quatre sous.

Je laisse dire, je n'ai pas le moyen de l'empêcher; puis, que m'importe?

Mais tout ceci me prouve une fois encore, ce que j'avais déjà remarqué à plusieurs reprises, qu'en Algérie il faut, sauf de rares exceptions, vivre chez soi et poursuivre son petit bonhomme de chemin sans s'inquiéter du qu'en-dira-t-on. C'est ce que je ferai à l'avenir; mais tout de même je serai plus circonspect avec les questionneurs.

25 décembre 1878.

J'ai mis en terre environ cinq quintaux de blé; j'ai donc près de six hectares ensemencés. Pour une première année, je trouve que c'est suffisant. « Qui trop embrasse, mal étreint, » dit le proverbe, et je suis de cet avis. J'aime mieux six hectares de blé, faits dans les meilleures conditions, que quinze ou même vingt hectares semés comme on les sème ici.

On laboure comme le colon de Zurich voulait le faire chez moi : on jette son blé sur cette prétendue culture, on donne un coup de herse, et l'on n'y fait plus rien jusqu'à la récolte. Il ne saurait en être de même dans *ma* propriété. J'ai donné un petit labour, en long cette fois, car la terre, qui n'a pas été fécondée par les rayons du soleil, ne rendrait qu'une maigre récolte; puis, après avoir semé mon blé, préalablement passé au vitriol pour détruire les germes de charbon, j'ai de nouveau labouré, mais en travers ce coup-ci, avec un petit araire à une seule bête, et le grain a été suffisamment enterré. Vers la fin de février ou courant mars, nous sarclerons pour enlever toutes les mauvaises plantes, si nuisibles à la prospérité du blé, et pour éviter le mélange avec une foule de graines étrangères qui le déprécient à la vente.

Mes semis de légumes ont parfaitement réussi, et comme j'avais eu la précaution de mettre sous mes bœufs et ma jument, — les seules bêtes que je possède à cette heure, sauf pourtant quelques poules, — une épaisse couche de la riche terre dont je dispose, j'ai pu retirer de cette façon une quantité de terreau suffisante pour fumer copieusement une bonne partie de mon jardin. Mes légumes sont donc faits dans d'excellentes conditions, et, si la température ne

Magnolia.

leur est pas défavorable, j'espère que nous en aurons largement pour nos besoins. Je vais préparer un joli lopin de
vingt ares pour y faire des pommes de terre, culture beaucoup trop négligée en Algérie, et qui pourtant donnerait
de si beaux bénéfices! Nous les payons quatre et cinq sous
le kilo, et on en mange!

Plus j'y songe, plus je me convaincs que la source, *ma
chère source*, qui est à deux cents mètres à peine du jardin,
doit y être amenée. Comment, en effet, avoir des haricots,
des salades, des melons, des pastèques, si je n'ai pas d'eau
pour les arroser? Ou il faut renoncer à toutes ces choses,
qui rapportent pourtant un assez beau bénéfice, ou il faut
que je me procure de l'eau. Marcelle est à peu près de
mon avis; mais la dépense l'épouvante. Le revenu compen-
sera-t-il les frais? Après un complet examen, je réponds
hardiment: Oui, et voici pourquoi.

Ainsi que je l'ai dit, la source est située dans un oued,
à deux cents mètres environ de l'endroit où je voudrais
l'amener; or, le jardin étant à un niveau plus bas de
trois mètres soixante centimètres, il suffirait de faire une
simple conduite ou rigole, et l'eau y arriverait. Je me con-
tenterais de cela pour cette année, me réservant, si le
volume d'eau est assez considérable pendant tout l'été, de
faire plus tard, et en choisissant le moment, fontaine, abreuvoir, bassin et lavoir.

Des anciens du pays m'affirment que, même pendant les
années de très grande sécheresse, la source n'a jamais tari.
Dès que ma vigne sera plantée, je commencerai mes travaux.

J'ai comme une vague idée que ce joli filon d'eau me
réserve quelque surprise agréable. *Chi lo sa?* J'ai remarqué
souvent que mes pressentiments ne me trompent guère.

5 janvier 1879.

Marcelle m'a remis ce matin avec un singulier sourire
une lettre qui ne me paraissait pas mériter tant de mys-
tère. Elle est d'une jeune bonne que nous avons eue autrefois pour les enfants, et qui s'est mariée depuis qu'elle nous
a quittés. Elle nous écrit tous les ans à pareille époque,
parce qu'elle adore Marcelle, qui lui a enseigné à lire et à
écrire. C'est une brave fille. Eh bien! après ?

Fedjana, 8 janvier 1879.

Ah! Marcelle a toujours raison, cette Mariette peut faire
notre bonheur. Elle a épousé un métayer du bas Languedoc
dont le bail est actuellement terminé, et comme la femme
a un peu de bien chez nous, ils y sont venus. Mais le
métier de propriétaire sur une si petite échelle ne lui paraît
pas suffisamment lucratif. Il veut se replacer.

En disant à Mariette que nous avons besoin d'elle, je
serai bien trompé si les prévisions de Marcelle ne se réali-
sent point, et si elle ne nous arrive pas avec son mari, un
rude gaillard.

Deux bonnes recrues qui faciliteraient bien des choses!

Si cela se pouvait, comme je le désire, comme je le crois,
nous serions dispensés d'avoir recours aux Arabes, qui travaillent si lentement et si mal; ceux que j'ai occupés depuis
mon arrivée dans ce pays ne m'ont pas satisfait, à beaucoup
près.

Quant à la main-d'œuvre française, on n'y peut songer,
tant à cause du prix élevé auquel elle est tenue, que sous

le rapport du travail fourni. Cela s'explique, les vrais colons ayant assez à faire chez eux, et les journaliers qui se placent n'étant assurément pas la fine fleur des travailleurs.

Des bras! des bras, et encore des bras!

Nous allons commencer sous peu de jours à débroussailler pour la vigne. Je voudrais pouvoir mettre mes plants en terre vers la fin du mois courant, pour que le cep ait la possibilité de s'enraciner avant la saison sèche. Mon intention était de planter au moins un hectare; mais en aurai-je le temps? cela me paraît peu probable. Un voisin me cède cinq à six mille beaux sarments pris sur une vigne qui a plus de dix ans; je les ai choisis moi-même dans la proportion qu'il me convient d'adopter pour chaque qualité.

15 janvier 1879.

Le débroussaillage est terminé. J'ai arrêté des Arabes, qui vont commencer demain à me faire les fossés dans lesquels je veux planter. Je les paye à raison de dix centimes le mètre courant, quarante-cinq centimètres de profondeur sur trente de largeur. Cela me paraît suffisant, et je crois que je ferai ainsi un excellent travail.

2 février 1879.

On a bien raison de dire que l'argent est le nerf de la guerre : ma plantation est terminée, grâce à un nombre double d'Arabes engagés. Si rien ne vient se jeter à la traverse; dans trois ans nous aurons du vin pour notre provision au moins.

4 février 1879.

Affaire conclue! Mariette et son mari ont répondu à notre premier appel. Ce dernier a seulement sollicité, comme une faveur, d'amener avec lui son jeune frère, qui a dix-sept ans. Une faveur!...

Je vais donc avoir six bras de plus, six bras vaillants, forts, courageux, obéissant à une seule et même impulsion; car, si je ne connais pas le jeune homme, Janius Guillaumet ne nous est pas inconnu. Depuis quatre ans qu'il est le mari de Mariette, il a fait ses preuves, il ne s'est jamais dérangé.

Eh bien! il était temps; cet hiver m'a rudement malmené; c'est effrayant la somme d'efforts qu'exigent ces travaux de premier établissement. C'est après y avoir passé qu'on reconnaît tout ce que nous devons aux humbles pionniers de la colonisation, à ces hommes qui eurent à lutter contre toutes les difficultés à la fois. Quand on songe à ce qu'était l'Algérie lorsque les énergiques travailleurs de la première heure, risquant le tout pour le tout, vinrent affirmer notre conquête par la prise de possession, et conduisirent leur charrue entre deux coups de fusil! Comme voies de communication, des sentiers tracés par le passage répété des bêtes de somme étaient l'unique moyen de transport pour les marchandises; aucune route carrossable ne traversait le pays. Il n'existait plus que quelques vestiges des anciennes chaussées romaines; les habitants n'allaient qu'à cheval; les rivières se passaient à gué et devenaient infranchissables dans la saison pluvieuse. Les parties déclives des plaines n'étaient que de vastes marais, tantôt boisés, tantôt couverts de hautes herbes, mais toujours des foyers pestilentiels qui, dans la saison chaude, rendaient les environs malsains, souvent inhabitables.

Pas un canal, pas un fossé de desséchement ne facilitait l'écoulement de ces eaux, dont l'insalubrité n'était due, comme c'est encore le cas un peu partout, qu'à leur stagnation. Les bestiaux n'étaient l'objet d'aucun soin comme abri et comme nourriture; les clôtures constituaient une dépense presque inabordable, et toutes les propriétés non closes étaient soumises après la moisson à un droit de vaine pâture.

On est souvent ingrat dans ce monde; on voit ce qui devrait être et ce qui n'est point, et parce qu'on n'a pas encore atteint le but, on fait bon marché des progrès accomplis. Avant 1830, la valeur du mouvement commercial de la Régence était de *huit millions* à peine; en 1876, il atteignait, chiffres officiels, *trois cent quatre-vingts millions,* et ce chiffre s'est encore accru dans d'assez grandes proportions depuis lors.

De tout cela je conclus que s'il reste encore beaucoup à faire, il a été beaucoup fait, surtout depuis la substitution du régime civil au régime militaire.

J'aurais voulu attendre l'arrivée de Guillaumet pour commencer les travaux d'aménagement que je me propose de faire à ma source; mais je ne me sens pas la force de patienter jusqu'à la fin du mois, date probable, sinon certaine, de la venue de mes nouveaux auxiliaires. Je vais donc me mettre à cette besogne dès que j'aurai fait ma plantation de pommes de terre. Il me tarde tant de savoir à quoi m'en tenir!

14 février 1879.

Je m'étais entendu avec un puisatier de Marengo pour
faire divers sondages dans ma propriété. Mon homme devait
venir lundi dernier, il ne parut pas. Au bout de trois jours
d'attente, j'ai envoyé chez lui pour connaître la cause de ce
retard, qui me contrarie si fort; il était enterré depuis la
veille. Me voilà donc contraint, bien malgré moi, de ren-
voyer mes travaux jusqu'à ce que j'aie pu me procurer un
autre ouvrier. Je vais aller dès demain matin à Cherchell, où
l'on m'assure qu'il y en a un fort capable.

26 février 1879.

Voilà l'inconvénient de faire venir des gens de France!
Mariette est enchantée de retrouver sa chère maîtresse,
mais Guillaumet, qui s'est pourtant rendu de bonne grâce
à notre appel, subit un préjugé commun aux gens sans
instruction. Ce n'est pas absolument comme chez nous en
France; cet inconnu l'effraye. Il s'était figuré un changement comparable à celui du bas Languedoc à la Provence;
il est plus radical, et il se met à le regretter.

Pourvu qu'il n'aille pas me quitter! Je surprends de longs
conciliabules bien faits pour m'effrayer avec son jeune frère,
un sournois qui me paraît n'avoir en sa faveur que de larges
épaules et des mains à défier une vis. Peste! il ne me plai-
rait pas qu'il m'attendît le soir à la brune au coin d'un bois.

Ce pauvre diable de Guillaumet dit, — lorsqu'il parle, ce qui ne lui arrive pas souvent, — que *tous les ceusse* de là-bas lui déconseillaient de venir. Et cela ne m'étonne pas trop.

L'Algérie a de tout temps été tenue en suspicion en France; elle est si peu ou si mal connue, que jamais on ne se douterait qu'elle n'est qu'à vingt-quatre heures de la mère patrie, que son climat est d'une remarquable douceur, que son sol est plus fertile que celui des plus belles parties de la Provence et du Var.

Loin de là, des récits mensongers l'ont, depuis la conquête, représentée comme un pays inhabitable, sans aucune sécurité pour les résidents, mais leur offrant, en revanche, l'arbitraire substitué à la loi; ne présentant aucune ressource pour l'éducation des enfants, mais, par contre, mêlant les nouveaux venus dans une fâcheuse promiscuité avec une population interlope, végétant ici sans aucun espoir d'avenir.

Certes, le progrès accompli a depuis quelques années fait justice d'une partie de ces préjugés, surtout pour les classes qui lisent et qui réfléchissent; mais il en reste toujours quelque chose.

Déjà avant de venir, et lorsque j'étudiais l'Algérie théoriquement pour prendre une décision, j'avais été frappé des questions absurdes que des gens, à tous autres égards éclairés, posaient sur notre belle colonie, à plus forte raison l'homme du peuple.

J'ai beau m'appesantir à chaque repas sur l'entière sécurité dont nous jouissons, affirmer que les personnes et les propriétés sont tout aussi bien qu'en France sous la sauvegarde de la loi et de la force publique, je me heurte à l'incrédulité ou plutôt à la peur. Diable! j'en sais quelque chose pourtant, moi qui ai parcouru les routes à des heures tardives sans avoir seulement jamais eu besoin de tirer mon pistolet!

Il y a deux ans, n'étions-nous pas en plein pays arabe,

installés par petits groupes sur les chantiers d'alfa, et ne vivions-nous pas en toute quiétude au milieu de trois à quatre mille indigènes, quelquefois davantage? Et chaque année, après la saison d'hiver, les touristes, hommes et femmes, ne vont-ils pas visiter le Sahara, poussant jusqu'aux extrêmes limites du sud sans guide et sans escorte?

Quant aux craintes de soulèvement, elles sont tout bonnement chimériques. Une armée de cinquante mille hommes, répartie entre les trois provinces, protège les frontières contre toute attaque du dehors et maintient les tribus sous notre autorité. Si, de loin en loin, quelques marabouts fanatiques cherchent à exciter les passions religieuses des indigènes, leur voix n'a que peu d'écho, et l'ordre n'est pas même troublé. La dernière insurrection a été assez rudement châtiée, les mesures prescrites pour assurer la tranquillité sont tellement complètes, qu'aucune prise d'armes ne peut être à redouter.

Enfin la meilleure preuve en faveur de l'Algérie, c'est que, malgré les faux bruits répandus, des demandes de concessions sont de toutes parts adressées à l'administration centrale. De toutes parts, ai-je dit, et je le répète, sur la foi d'un rapport officiel; car ce ne sont point seulement des agriculteurs de France ou des colons de la première heure qui sollicitent une attribution de terres dans l'une des trois provinces : beaucoup d'étrangers, Espagnols, Italiens, Anglais et Suisses réclament également la même faveur, et n'hésitent point pour l'obtenir à renoncer à leur nationalité.

Allons, mes braves Guillaumet, cessez de trembler pour votre peau; elle n'est pas en si grand danger que vous vous plaisez à le croire.

Marcelle n'ose pas trop se moquer d'eux; elle n'a pas oublié l'incident de la couverture et les ridicules terreurs à nous-mêmes inspirées par la bêtise ou la méchanceté de Driot, qui avait trouvé plaisant de nous effrayer. Quand on pense que cette couverture nous avait été tout bonnement soustraite par le voiturier très français, — un Marseillais

pur sang, tron de l'air ! — qui nous avait conduits, nous et
nos bagages, de la gare de Souk-el-Hâd à la propriété de
M. Fabié, et que je l'ai bel et bien forcé de nous la rendre !

Du reste, quoique, en fait de fruits, fèves, melons et pastèques, l'Arabe soit excessivement *chapardeur,* nous n'avons
jamais été, à proprement dire, volés. Il est vrai qu'un
homme averti en vaut deux, et qu'on prend toutes les précautions nécessaires pour se garantir des maraudeurs. Mais
qui oserait dire qu'en France semblable chose n'est pas à
redouter? Les cours d'assises et les tribunaux correctionnels
se chargeraient de la réponse.

C'est égal, je m'étonne comment mes trembleurs s'y pren-
dront quand il faudra passer la nuit sur l'aire !

25 mars 1879.

Grâce à l'augmentation de mon personnel et à quelques
enfants arabes que j'ai pu embaucher moyennant une faible
rétribution, mes blés sont entièrement sarclés. La quantité de
mauvaises herbes est vraiment très considérable; et comme
il me répugnait de laisser perdre toute cette verdure, très
bonne pour les bestiaux, j'ai acheté cinquante brebis au
marché de Marengo.

La végétation est fort avancée cette année, l'herbe est drue
et déjà nourrissante; en certains endroits, elle a plus de
soixante centimètres de hauteur. Toutes mes constructions
terminées depuis plus d'un mois, j'ai pu installer mes brebis
dans le domicile que je leur avais préparé. J'ai fait poser
des râteliers et des crèches tout autour de la bergerie; le
soir, lorsque les bêtes rentrent des champs, elles trouvent
une abondante pâture pour la nuit; de cette façon elles ne
perdront pas, par un jeûne trop prolongé, ce qu'elles ont
gagné pendant le jour.

Ceci est de l'élevage à la française; mais je ne saurais m'accommoder du système arabe, qui consiste à faire manger les bestiaux bien ou mal pendant le jour, sans se préoccuper si, la nuit ou pendant les temps de pluie, ils souffrent de la faim; aussi faut-il voir ce que sont au point de vue de la graisse ces malheureux animaux : les os leur percent la peau. Il est vrai qu'une brebis ainsi soignée vaut tout de suite de 8 à 12 fr. J'en ai vu vendre une, avec son agneau de huit jours, *cinq francs cinquante.*

Les susdits Arabes ont en outre l'excellente habitude de séparer le matin les petits agneaux de leurs mères, et, le soir, lorsque ces dernières reviennent des champs la mamelle bien garnie, ils traient tout le lait qu'ils peuvent en obtenir, sans souci de l'agneau, qui, ne trouvant rien ou presque rien, et ayant dans tous les cas une nourriture insuffisante, végète et ne peut jamais devenir gras et beau.

En dehors des cinquante brebis, j'ai acheté une superbe truie qui va bientôt me donner une nombreuse progéniture; puis une douzaine de belles poules cochinchinoises et un magnifique coq, deux oies, deux dindes, deux pintades, deux canards, six paires de pigeons et trois beaux lapins, un mâle et deux femelles. Voilà notre basse-cour à peu près montée. Déjà plusieurs couvées sont en train, et nous ne tarderons pas à voir les dindonneaux, les canetons, les poulets, etc., faire leur apparition.

Malheureusement tous ces achats ont absorbé une somme relativement considérable. Nous sommes sept à table chaque jour; les balles de farine disparaissent avec une rapidité qui m'effrayerait, si je ne savais que pour bien travailler il faut bien manger. Mais enfin l'argent s'en va; il est temps que je fasse mes comptes, car je ne voudrais pas être obligé de recourir à l'emprunt, et il faut que j'arrive jusqu'à la récolte des céréales, la seule sur laquelle je puisse compter cette année, en dehors des pommes de terre et autres légumes. Ah! si ma source pouvait arriver au jardin! les melons et les pastèques couvriraient bien des dépenses. Mais, hélas!

je n'ai pu encore avoir le puisatier; il m'a bien promis de
venir le 1er avril. Ne sera-ce pas un poisson? Et puis, en
admettant qu'il ne me manque pas de parole, les travaux d'a-
ménagement seront-ils finis avant la sécheresse? Voilà le
moment venu de faire les melons; nous allons préparer la
terre : « Fais ce que dois, advienne que pourra. » J'ai tellement confiance dans ma chère source, que je ne doute
plus du succès maintenant.

Fedjana, 12 avril 1879.

Je viens de faire mes comptes par francs et centimes.
Mon livre de caisse, tenu régulièrement par Paul, m'a permis d'établir exactement la somme dépensée. Quel total! il
y a de quoi frémir! Et jusqu'à ce jour pas un centime de
recette!

Cependant je n'ai fait que le strict nécessaire, et n'ai pas
à me reprocher d'avoir décaissé un centime inutilement. Et
il me reste encore tant à faire! Mon troupeau est loin d'être
complet; il me faut au moins cent brebis et quelques bœufs
ou vaches.

Depuis notre arrivée ici nous avons dépensé 19520 francs,
y compris nos frais de voyage, d'achat de la propriété, de
constructions, d'outils aratoires, de bestiaux, etc. etc. Nous
avons hérité de trente-cinq obligations de la ville de Paris,
émission de 1865, que nous avons vendues 18427 fr. 50 c.,
ce qui, avec les 4000 francs d'économies que nous avions,
donne un total de 22427 fr. 50 cent. Il me reste donc encore 2907 fr. 50 cent., somme suffisante pour atteindre la
récolte prochaine. Je puis être tranquille de ce côté, d'autant plus que les revenus ne vont pas tarder à arriver.

Mes espérances n'ont pas été déçues. Ma source, ma bien-

heureuse source, a tenu ses promesses et au delà. L'avoue-
rai-je? c'était avec une véritable émotion que j'accueillais
le petit être boiteux, contrefait, disloqué, qui m'est arrivé
comme puisatier émérite; mais après dix minutes données
à la préparation de l'absinthe, je croyais avoir jaugé l'individu.

Ce que j'ai souffert à la pensée que l'avenir de ma propriété était entre les mains de cet homme prolixe et diffus,
est inimaginable.

Il a fallu qu'il me racontât les affaires de toute la population de Cherchell et des environs avant de s'occuper de la
mienne, car il cumule : il est à la fois puisatier, homme
d'affaires, écrivain public et un peu *avocat*, comme il dit
modestement.

« C'est moi que *j'estipule* pour *eusse* tous là-bas, » nous
racontait-il en faisant de grands gestes avec ses petits bras.

Je bouillais d'impatience, la moutarde me montait au nez;
Marcelle, qui n'était guère moins anxieuse de savoir comment cela allait tourner, se mettait en quatre pour me
calmer. Enfin je découvris que mon homme n'en était pas
à sa première absorption d'absinthe de la matinée; il mit
sur le compte de la chaleur un malaise qui l'empêchait
d'entreprendre immédiatement ses sondages. Comme nous
sommes à cinq kilomètres du village, il me fallut aviser à
le faire coucher.

Quel après-midi j'ai passé!

Le soir je le trouvai plus sobre; il se tenait mieux debout,
mais c'était trop tard pour commencer; le lendemain, jour
de marché, j'étais obligé de me rendre à Marengo, et tout
le temps cette question, vitale pour moi de médiocrité ou de
prospérité, restait insoluble! Ah! quelle patience il faut avoir
avec les ouvriers de ce pays!

Enfin, mercredi dernier, nous nous sommes mis à la besogne peu après le lever du soleil. Mon petit bossu examina
très attentivement la source et ses environs; puis il suivit
pendant plus de deux cents mètres le lit de l'Oued, et là il

fut arrêté par une mare assez considérable à laquelle nous venons abreuver nos bestiaux.

Dix minutes après, je le vis revenir vers moi d'un air satisfait ; il avait constaté que la susdite mare était alimentée par une source *assez conséquente,* me dit-il, qui paraît venir dans la direction du nord. Il ne restait plus qu'à suivre le filon et à s'assurer de la profondeur à laquelle il se trouvait. Nous nous mîmes immédiatement à l'œuvre, et, après quelques coups de sonde habilement dirigés, nous eûmes la certitude que la source de la mare ne faisait qu'un avec celle que je veux faire venir au jardin.

Il fallait dès lors attaquer le gravier avec le pic pour arriver à la branche mère ; c'est ce que nous fîmes hardiment. Afin que la besogne allât plus vite, j'appelai à notre aide les deux frères Guillaumet, et tous quatre, armés de pioches, de pelles et de pics, nous nous escrimâmes à qui mieux mieux pour activer le travail.

Mon petit bancal, qui n'est point bête lorsqu'il s'agit de l'eau, — dont il ne fait pourtant pas un grand usage personnel, — et qui ne boude pas à l'ouvrage... lorsqu'il n'est point soûl, dirigeait les travaux, cela va sans dire. A l'heure du déjeuner, nous avions extrait plus de six mètres cubes de gravier, sans pour cela avoir obtenu aucun résultat appréciable. Il en fut de même le reste de la journée ; nous avions enlevé plus de quinze mètres de terre, mais nous étions encore fort loin du point indiqué par la sonde.

Enfin, après six jours d'efforts inouïs, car il a fallu déplacer des blocs de pierre qui pesaient plus d'un quintal, l'eau a jailli tout à coup avec une abondance à laquelle nous étions bien loin de nous attendre, et, après mesurage, nous avons acquis la certitude qu'elle donnait une moyenne de trente litres à la seconde. C'est mieux que je n'osais espérer dans mes rêves les plus ambitieux.

Avec une telle quantité d'eau, je puis largement irriguer deux à trois hectares de terre. J'ai renvoyé tout de suite les deux Guillaumet à leurs trous de melons et de pastèques, —

je veux en faire tant que je pourrai. — Il faut que je recule
les limites de mon jardin, puisque tout ce qui sera fait à
l'arrosage doit être enclos. Mais que dis-je? la joie me
brouille les idées, je crois; je n'aurai qu'à faire une nouvelle clôture à deux cents mètres plus loin, et tout sera dit.
Nous réserverons cela pour l'hiver prochain, aussitôt les
semailles terminées; en attendant, le jujubier suffira.

Le puisatier est loin d'être aussi bête que je l'avais cru,
tant il est vrai que trop parler nuit. Il m'a donné de très
bons avis sur la manière dont je dois m'y prendre pour
amener l'eau vers la maison. Il ne me conseille pas de faire
un bassin, qui me coûterait, dit-il, les yeux de la tête; il
estime qu'une simple rigole avec des tuyaux en terre suffira
largement à tous mes besoins, et que j'économiserai de
cette façon une somme relativement considérable. Je le laisse
dire, car je vois qu'il est de bon conseil... lorsqu'il n'a pas
trop fêté la dive bouteille; et comme il m'a demandé de le
charger du travail de canalisation, j'ai accepté, convaincu
que je le remets en des mains habiles et expérimentées.

Mais c'est égal, je n'en démordrai pas; il me faut ma
fontaine, mon bassin et mon lavoir, ombragés de quelques
beaux saules pleureurs !

25 avril 1879.

Lorsque les frères Guillaumet sont venus nous aider aux
travaux de la source, le 3 avril dernier, huit cents trous
pour les melons et les pastèques étaient faits. Dès que j'eus
la certitude d'avoir de quoi irriguer largement, j'ai préparé
un nouveau morceau de terre, pour trois mille trous environ, et Marcelle, Mariette et les enfants se sont mis cou-
rageusement à la tâche pour poser les graines et les recouvrir. Sept personnes à la même besogne, cela va vite; aussi,

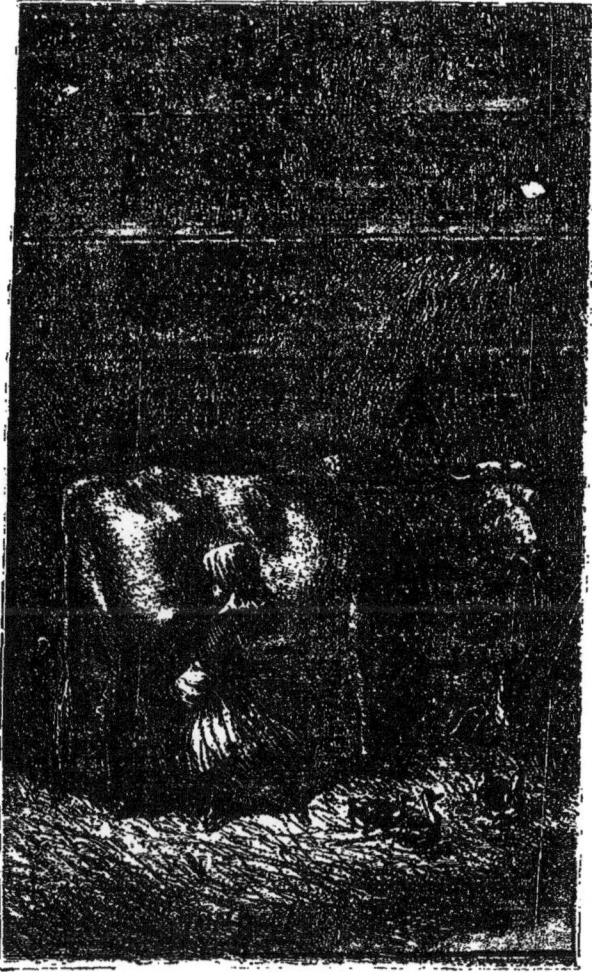

Mon étable.

le 10 courant, tout était terminé. La température étant déjà assez élevée, la terre est chaude, et mes graines, préalablement mises dans l'eau de suie pendant vingt-quatre heures, n'ont pas tardé à lever. Nous allons bientôt pouvoir tailler les premiers melons sortis; cette opération est essentielle; je ne la négligerai pas.

Nous avons fait un nouveau morceau de pommes de terre, un demi-hectare environ, et semé tout autour de ce nouveau jardin une bordure continue de maïs géant. Les poules, les pigeons et les vaches ne s'en trouveront pas mal.

6 mai 1879.

Décidément la tribu des Guillaumet a apporté un élément de gaieté à la maison. Ce grand sournois de Tonin, — personnellement il ne me plaît pas plus que le premier jour, — s'est apprivoisé avec ma femme. Pour elle, il a des complaisances et de gauches efforts de civilité qui sont fort amusants à contempler. Il me fait toujours penser à l'âne et au petit chien.

Mariette s'étant mise résolument aux travaux des champs, — où elle vaut bien un journalier d'ici ou encore un Arabe... et demi, — tous les soins du ménage continuent à incomber à Marcelle, et notre cuisine a beau être simple, le robuste appétit de trois personnes de plus en augmente considérablement les apprêts.

Maître Tonin semble avoir deviné cela; il est toujours à demander s'il n'y a pas de pommes de terre *à plumer*, et quand il apporte des oiseaux, ce qui arrive souvent, car nos environs sont fort giboyeux, et Marcelle aime beaucoup le gibier, c'est à lui que revient l'honneur de les *éplucher*.

Il est rare qu'il manque une occasion de dire ou de faire

une bêtise; c'est un vrai type. Je me demande à quoi lui servent les organes de l'intelligence; c'est à croire le célèbre aphorisme, « que, faute d'exercice, l'esprit, comme le corps, devient paralytique. »

Mais, en revanche, c'est une excellente acquisition pour la ferme, surtout à présent que commencent les arrosages; sa grande force a pour effet de le rendre insensible à la fatigue; il faut le voir se charger d'une manière absurde, ridicule, plutôt que de s'astreindre à prendre une bête de somme. Il est toujours en lutte avec les bœufs ou les chevaux qu'il conduit, et c'est curieux de le voir s'y prendre avec eux. Cela me rappelle M. de Vendôme, qui disait avoir souvent examiné les querelles des mules et des muletiers dans le train des équipages, et déclarait qu'à la honte de l'humanité, il était forcé d'avouer que la raison se trouvait presque toujours du côté des mulets.

Quoi qu'il en soit, Tonin est un excellent travailleur, et je m'applaudis chaque jour davantage de l'avoir pour domestique. Je ne l'ai pas entendu encore une seule fois se plaindre de la fatigue, et il faut voir, après sa journée finie, — journée pendant laquelle il a fait le travail de deux hommes ordinaires, — avec quelle crânerie il demande dès qu'il a franchi le seuil de la porte : « *Nous fons* le pain ce soir, hé! la bourgeoise? »

Je voudrais bien que les travaux de canalisation fussent terminés. Voilà plus d'un mois qu'il n'est pas tombé une goutte de pluie; aussi la terre commence-t-elle à sécher sous les rayons ardents du soleil. Mon jardinage a besoin d'eau, surtout maintenant que des fentes se produisent de toutes parts, et qu'il faut absolument les faire disparaître sous peine de perdre la récolte.

Nous ne pouvons plus prendre d'eau à la mare. Selon les prévisions du puisatier, surnommé Cicéron, à cause de son éloquence sans doute, — car je ne lui vois aucune autre ressemblance avec cet illustre orateur, — elle est à peu près à sec. J'aurais voulu faire couler dans l'Oued l

source tout entière comme par le passé; mais les exigences
de la canalisation ne l'ont pas permis. Il faut donc tirer
l'eau du puits pour tous les besoins de la ferme; c'est
extrêmement long et fatigant.

Fedjana, 18 mai 1879.

Nous sommes débordés. Le travail nous presse de toutes
parts : fourrages à faucher, à tourner et à mettre en veuil-
lottes avant de faire la meule à l'extrémité de l'aire, melons à tailler et à chausser, pommes de terre à *enrayer* et
à buter, choux, salades et autres légumes à biner, le tout
à arroser chaque jour; c'est plus que n'en pourraient faire
dix hommes en ne perdant pas une minute du lever au coucher du soleil.

Ah! que le proverbe est vrai : « Qui trop embrasse mal
étreint. » Je ne voudrais rien perdre, rien négliger, et je
sais plus où donner de la tête. Et l'eau qui n'arrive toujours
pas! Décidément cette source va commencer par me coûter
fort cher. Mais moins que jamais je dois me laisser abattre;
après les bénédictions dont le ciel m'a comblé, il faut, au
contraire, redoubler de courage et d'énergie. La tribu des
Guillaumet me seconde admirablement. Quelle femme que
cette Mariette! C'est bien d'elle que l'on pourrait dire quant
au travail : Cette femme, c'est un homme!

31 mai 1879.

Mon fourrage est en meule, — j'en ai ramassé plus de
trois cents quintaux. — Mes pommes de terre sont butées,

mes melons taillés et chaussés ; les choux, les navets et les salades ont seuls un peu pâti. Dame ! on ne peut pas tout faire, et je trouve que nous nous en sommes assez bien tirés. Mais quel coup de collier il a fallu donner ! Marcelle et les enfants sont venus à la rescousse, et grâce à cet appoint, qui n'était pas à dédaigner, nous avons pu tenir tête à tout.

Le *ramassage* du fourrage est une chose fort importante en Algérie, où il n'y a que très peu de prairies artificielles. Est-ce un bien, est-ce un mal, que cette absence presque complète de sainfoin, de luzerne et autres plantes fourragères ? Je n'ose me prononcer encore ; il faudra expérimenter. Ce qui est certain, et ce que je puis déjà constater, c'est que l'herbe qui pousse naturellement dans les champs est très nourrissante, pour la plus grande partie au moins, et qu'elle atteint des proportions inconnues en France, même dans les plus beaux herbages de la Normandie ; nous avons fauché un morceau de deux hectares où elle avait plus d'un mètre et demi de haut.

C'est un produit de plus de soixante quintaux à l'hectare. Je dois ajouter qu'il n'en était pas de même partout. En général, ce qui *manque* à ce fourrage, *c'est d'être* mieux fourni, plus épais. Il doit y avoir moyen de remédier à cet inconvénient, en jetant en décembre ou janvier quelques poignées d'orge, d'avoine, de vesce ou de sainfoin, voire même de trèfle rouge. Je ferai cette expérience l'an prochain.

5 juin 1879.

L'eau de la source est enfin arrivée jeudi dernier, à quatre heures du soir, — date mémorable dont je promets bien de me souvenir. — Elle a fait son entrée en triomphe dans le champ de pommes de terre. Tout avait été préparé pour la

recevoir avec les égards qui sont dus à si haute, si puis-
sante, et surtout si fertilisante dame. De jolies conduites
bien faites, bien étayées, avec une bonne pente, avaient été
aménagées par Guillaumet l'aîné. Aussi fallait-il voir avec
quelle élégance, quelle facilité, elle suivait le sillon qui lui
avait été tracé ! On aurait dit que, charmée des prévenances
qu'on avait eues pour elle, elle manifestait sa reconnaissance
par une notable augmentation de volume et de rapidité.
Peu après le coucher du soleil, toutes mes pommes de terre
étaient arrosées.

Ce fut au tour des melons, des pastèques et du maïs,
puis des choux, etc.; en deux jours c'était fini. J'ai trop
d'eau; je ne sais plus qu'en faire.

« Patience ! me crie le puisatier ; attendez le mois d'août
pour vous plaindre. A cette époque je viendrai voir si vous
êtes toujours du même avis. »

Voudrait-il dire par ces paroles que dans deux ou trois
mois je n'aurai plus d'eau, ou seulement que la source aura
tellement diminué d'importance, qu'il ne me restera pas
de quoi arroser mon jardinage? Cela m'a rendu tout pensif.
Cicéron, — je ne lui connais pas d'autre nom, et je demande
humblement pardon aux mânes du grand orateur de placer
son nom illustre sur une pareille tête... et un pareil corps,
— m'a affirmé, il y a deux mois à peine, que l'eau ne bais-
serait que fort peu pendant l'été, et des anciens du pays
m'ont assuré que la source n'avait jamais tari, même pendant les plus grandes sécheresses.

Mais alors qu'a voulu dire mon petit tortillard?

Ah ! j'y suis. En juillet et août, la terre, surchauffée par
les rayons brûlants du soleil, absorbera une beaucoup plus
grande quantité d'eau, et alors je ne me plaindrai pas d'en
avoir trop. Cette supposition est certainement la vraie.

Quoi qu'il en soit, et sans plus me mettre l'esprit à la tor-
ture, je vais me charger de tout ce qui concerne les légumes et le jardin, laissant aux frères Guillaumet et à la
vaillante Mariette le soin de s'occuper des autres travaux de

la ferme. Je sais que ce n'est point une sinécure que je choisis, mais j'ai mon idée.

28 juillet 1879.

Que de travail depuis la dernière fois que je t'ai quitté, mon vieux confident, car tu commences à te faire vieux! C'est comme moi, mes cheveux grisonnent, mes épaules se voûtent; mais aussi, à ce régime!...

Avec quel plaisir hier je me suis étendu dans mon lit! Il y avait quinze jours que je n'en avais goûté les douceurs. On est obligé de coucher à l'aire, et quoique les Guillaumet soient un peu revenus de leurs terreurs, je n'ai pas voulu les laisser passer la nuit dehors seuls. D'ailleurs, ces hommes peinent encore plus que moi. Il est vrai que le rude travail des champs leur coûte moins, à eux qui y ont toujours été habitués.

Nous avons donc partagé la couchée. A l'œuvre depuis quatre heures du matin jusqu'à huit heures du soir, car les jours sont beaucoup plus courts en Algérie, faute du crépuscule, qui rend l'heure intermédiaire entre le coucher du soleil et la tombée de la nuit si charmante en France, nous avons moissonné, foulé, vanné et ensaché notre blé, et suffi encore aux travaux du jardinage et de la vente, car il ne s'agit pas seulement de produire, il faut aussi et surtout écouler.

Le jardin est une source continuelle de profits; il n'y a jamais assez de légumes sur les marchés. Dès mon arrivée ici, j'ai été frappé de la mauvaise qualité des choux, des navets, des carottes et autres plantes maraîchères.

Cela tient à des causes diverses, mais surtout à la manière défectueuse de cultiver et au manque d'eau.

J'ai donc cherché à bien préparer la terre sur laquelle je voulais semer et planter; je me suis procuré d'excellentes graines au jardin d'essai à Alger; j'ai souvent biné, largement arrosé; en un mot, je n'ai épargné ni mes soins ni ma peine, et je puis dire que j'ai obtenu des produits comme on n'en avait jamais vus dans la région. Je vends plus cher

Blé.

que ceux qui se livrent habituellement à ce genre de culture, et je ne puis suffire à toutes les demandes qui me sont adressées. Chaque marché, à Marengo et à Zurich, me donne de 50 à 60 fr., ce qui me fait de 100 à 120 fr. par semaine. C'est donc une source de revenus qu'il faut se garder de négliger.

Mes melons et mes pastèques commencent aussi à produire. Voilà deux marchés où j'ai pu en apporter, et j'ai lieu d'être très satisfait des prix obtenus. Mais je ne puis songer à écouler de cette façon le produit de ma melonnière ; je n'en viendrais jamais à bout, j'ai plus de dix mille melons ou pastèques. Il est absolument nécessaire que je cherche à en vendre en gros ou à faire des dépôts à Cher-chell, Zurich et Marengo.

Le rendement du blé n'est pas satisfaisant. J'avais ense-mencé environ six hectares, et c'est tout au plus si j'arri-verai à soixante ou soixante-deux quintaux. Ce produit n'est pas suffisamment rémunérateur ; mais on ne peut se dis-penser de faire des céréales, car il faut avoir de la paille en quantité considérable pour faire du fumier et pour les be-soins des bestiaux.

Dans la contrée où je me trouve, on a l'habitude de donner la moisson à faire aux Arabes ou aux Espagnols, moyennant 20 ou 25 fr. par hectare, suivant les années. Les premiers coupent le blé au milieu à peu près de la hau-teur de la tige, ce qui fait perdre plus de la moitié de la paille, et les seconds laissent sur la terre une beaucoup trop grande quantité d'épis.

J'ai donc décidé qu'il fallait *faucher* nous-mêmes notre blé, ce qui m'a fait une économie assez considérable sur la main-d'œuvre, et un bon coup de râteau donné après que les gerbes ont été ramassées a ramené tous les épis épar-pillés.

Guillaumet aîné et moi nous sommes défiés à qui irait le plus vite au fauchage ; j'avoue très humblement que j'ai été vaincu ; mais mes six hectares ont été moissonnés en moins de dix jours, et comme Mariette et les enfants liaient et ra-massaient les gerbes derrière nous, la récolte n'a eu nulle-ment à souffrir.

L'orge a été cette année d'un meilleur produit que le blé. J'en avais fait un hectare, afin d'en avoir pour les be-soins de la ferme ; j'en ai récolté environ seize quintaux.

4 août 1879.

Aujourd'hui ma première vente de céréales. Je ne compte pas celle de chez Fabié; je n'avais ni semé ni même récolté, puisque j'étais toujours par voies et par chemins pour les intérêts dont il me chargeait. Paul, qui est un agriculteur en herbe, ou je m'y trompe fort, était près de moi quand le négociant avec lequel j'ai traité est venu me joindre sur l'aire; il n'a pas perdu un geste de cet homme, qui m'a paru du reste s'entendre fort bien aux choses de son métier.

« Père, m'a-t-il demandé dès que mon acheteur se fut éloigné, pourquoi donc ce monsieur a-t-il pris les grains et les a-t-il cassés avec ses dents et mâchonnés comme s'il voulait faire de la bouillie?

— Pour reconnaître la qualité du blé, mon enfant, et surtout pour s'assurer, car c'est là le point important, de la quantité de gluten qu'il renferme.

— Et ce gluten?

— Est la qualité nutritive par excellence du blé.

— Et pourquoi a-t-il repris ces grains mâchés et les a-t-il tirés entre son pouce et son index?

— Parce qu'en écartant lentement ses deux doigts, il jugeait à la longueur et à la résistance des fils de ce que l'on appelle *la force du blé*. Lorsque dans cette petite expérience la pâte s'allonge bien, s'étire convenablement sans rupture, et file comme les pâtes à macaroni d'Italie, c'est que le blé est riche en gluten.

— Comment a-t-il trouvé nos grains?

— Ils ont toutes les qualités requises ; ils sont secs, pesants, pleins, rouges et fermes.

— C'est bien ce qu'il m'avait semblé lui entendre dire ; mais quelle différence y a-t-il entre le blé tendre et le blé dur ?

— Le blé dur est, comme son nom l'indique, *dur* à casser, demi-transparent ; à poids égal, il contient plus de parties nutritives que les blés tendres. Ceux-ci, au contraire, sont flexibles, donnent des farines plus blanches et plus belles, mais aussi moins nourrissantes. On recherche le second pour le pain de luxe ; avec le premier, on fait les pâtes, la semoule et le pain de deuxième qualité, tout aussi bon que l'autre quand il est bien fait.

— Pourquoi ce monsieur disait-il qu'il ne se tromperait pas entre vingt espèces de blé ? Il n'y en a pas autant, je suppose.

— Comment, petit ! on en compte plus de cinq cents qui ont chacune des formes et des propriétés différentes ; toutefois on peut ranger toutes les variétés connues sous les deux grandes classes de blés tendres et de blés durs.

— Mais, papa, est-il vrai qu'il y ait tant d'importance à se connaître en blé ? La seule différence que je pusse constater, c'est quand le grain est gros comme le nôtre ou petit comme celui de Mohamed ben S'rir.

— On voit bien que tu n'es qu'un enfant, Paul ; tu comprendras mieux l'importance du choix des grains, quand je fixerai dans ta mémoire par des chiffres la différence du rendement qui peut exister entre deux blés de provenances diverses. Eh bien, ce rendement peut varier d'un à trente-trois pour cent, c'est-à-dire qu'il faut trois hectolitres de blé de basse Bretagne ou de Sologne, par exemple, pour obtenir la quantité de gluten qui est contenue dans deux hectolitres de blé dur d'Arles, de Sicile ou du Caucase.

— Alors le blé de l'Algérie n'est pas bon ?

— Qu'est-ce qui t'amène à cette conclusion un peu prématurée ?

— Tu le vois bien; tu ne le cites pas.

— Parce que lorsque j'ai appris ce que je viens de te dire, je n'étais pas en Algérie; nous prenions pour base de nos comparaisons des blés de France ou des pays qui fournissaient alors le plus à la production. Ne répète pas une hérésie pareille à celle que tu viens de prononcer, mon enfant, que le blé d'Algérie n'est pas bon, et souviens-toi que déjà, à l'exposition universelle de 1855, les grains de provenance algérienne ont été classés au *troisième rang*, relativement à ceux de l'univers entier, et je lisais encore dernièrement, dans un rapport officiel, que la prééminence n'a été donnée à ceux des deux autres origines, que pour des nuances fort peu tranchées; d'où il résulte que le jury de cette exposition leur reconnaissait un mérite assez élevé pour approcher de la perfection absolue. Et tiens, une preuve encore : un autre rapport constate que les divers blés d'Afrique sont aussi riches en gluten que les blés d'Odessa, et qu'ils donnent un rendement supérieur de deux pour cent.

— Que je suis content! s'est écrié l'enfant; j'aime tant cette belle terre d'Algérie. »

Je cite cette conversation pour montrer combien ce cher enfant est déjà un compagnon pour moi. Il s'intéresse à toutes les choses de l'agriculture; il me seconde dans la mesure de ses forces. Avec mon personnel arabe un peu mou, il me tient lieu de surveillant. Il cherche à se rendre compte de tout. Si la fatigue m'accable, il s'arrange pour être un mémento vivant. C'est un bon et brave petit homme; si les choses vont bien, il passera par Grignon ou par Montpellier, et l'Algérie comptera certainement un jour un agriculteur émérite de plus; et puis il sent vivement, et cette éclosion d'une jeune âme est si intéressante à suivre!

Il y a entre les deux frères une différence vraiment inexplicable; autant mon Paul est pratique, autant Marcel l'est peu. Ce dernier aime les champs s'il y trouve à faire une moisson de fleurs, les arbres pour les nids, le ciel pour son azur éclatant, l'eau pour la possibilité d'y pêcher, la nature pour sa beauté, qu'il commence à sentir en poête. C'est une curieuse étude que celle des divergences de caractère de deux frères élevés cependant dans le même milieu. L'important, c'est que tous deux sont également honnêtes, véridiques, et que leur cœur est accessible à tous les sentiments que nous nous efforçons de leur inculquer. Il est vrai que leur mère prêche d'exemple plus que de paroles, avec sa sécurité douce et son inaltérable confiance qui lui fait traverser les heures les plus difficiles sans découragement, sans murmures, en regardant plus haut et plus loin que moi, en s'appuyant sur la Providence.

20 août 1879.

Pendant ces bienheureux mois d'été, les récoltes se succèdent sans interruption. Après le blé, les melons, les pastèques, les pommes de terre, sans compter les légumes, qui sont de toutes saisons, mais qui cependant me donnent un revenu bien supérieur à celui que j'avais obtenu jusqu'à maintenant, par suite de la disette complète qu'il y a sur les marchés. Je suis seul à avoir de beaux produits, et, ma foi, j'en profite.

La semaine dernière j'ai fait de ce chef plus de 200 fr.; il est vrai qu'il faut comprendre dans ce total la vente de quarante à cinquante melons et pastèques qu'on emporte à chaque marché.

Je m'étais proposé d'établir deux ou trois dépôts de ces derniers à Cherchell ou ailleurs, mais point n'a été nécessaire de recourir à ce moyen, quelquefois onéreux. Dès que les Arabes ont appris que j'avais de beaux et bons melons à vendre, des pastèques superbes et juteuses, ils sont venus de tous les côtés me demander de leur en céder; c'est par cent, deux cents à la fois qu'ils les achètent, de telle sorte que ma melonnière va bientôt être épuisée.

A ce jour, j'ai vendu six mille neuf cent vingt et un melons et quatorze cent cinquante-trois pastèques, pour la somme de *quatre mille quatre cent vingt-deux francs quinze centimes*, et il me reste encore quatre à cinq mille m lons et un millier de pastèques. Ma récolte sera plus importante que je ne l'espérais, et par conséquent le produit bien plus élevé. L'an prochain je consacrerai certainement plus d'un hectare à cette culture si productive.

O ma source! si tu continues à être aussi abondante, je te bénirai tous les jours de ma vie, car c'est à toi, après Dieu, que je devrai ma réussite en Algérie.

Je n'ai pu vendre que trente quintaux de blé, car le surplus de ma récolte m'est nécessaire pour semence et pour ma provision de l'année prochaine. Je préfère de beaucoup faire moudre mon blé que d'acheter des farines, presque toujours de qualité inférieure tout en les payant fort cher. Comme nous en consommons une balle et demie environ par mois, c'est une économie de plus de 100 francs.

Je n'ai retiré que 570 francs de ma vente de céréale. Comment peuvent donc faire ceux qui n'ont que cette seule corde à leur arc?

J'aurais voulu profiter de ce moment, où Mariette, les enfants et moi, suffisons bien aux besoins du jardinage, pour faire débroussailler quelques hectares par les frères Guillaumet; mais, après plusieurs essais, nous avons dû y renoncer, la terre étant beaucoup trop dure. Il me faudrait huit à dix paires de bœufs et une très forte charrue, et encore peut-être n'en viendrais-je pas à bout.

Nous préparons un emplacement pour faire un nouveau champ de pommes de terre et des légumes d'hiver. Ce travail en vaut bien un autre. Mais que d'eau il faut pour irriguer un espace même aussi restreint que celui dont nous disposons actuellement! Je m'explique maintenant les paroles sentencieuses de mon petit bancal. Il a bien dit la

vérité, et je suis loin de me plaindre en ce moment de l'a-
bondance de ma source. Pourquoi donc, puisqu'il était si
sûr de lui, n'est-il pas venu vérifier la justesse de sa prédic-
tion? N'aurait-il pas trouvé mon absinthe bonne? C'était
pourtant du Pernod, et du vrai, car, de peur d'être trompé,
ce qui n'est pas rare en Algérie, je le fais venir directement
de chez ce fabricant. Ce n'est pas que j'en fasse moi-même
une grande consommation, — avec une bouteille j'en aurais
bien pour un an, — mais tout le monde ici n'est pas de
cet avis, et il faut bien avoir quelque chose à offrir aux
personnes qui viennent nous voir de temps à autre et qui
toutes ont cette habitude.

16 septembre 1879.

Nous nous sommes accordé le huit de ce mois notre
sortie annuelle. Il y avait longtemps que les enfants me tour-
mentaient pour que je les emmenasse à Cherchell et que je
leur fisse visiter la ville en touristes, et non pas seulement
à la volée, comme cela m'est arrivé les deux ou trois dernières fois que je m'y suis rendu pour affaire.

Laissant donc la maison sous la garde de la tribu des
Guillaumet, nous sommes partis le matin à la fraîche, Marcelle, les enfants et moi. Cela me paraissait si bizarre de
n'être point pressé, qu'à chaque instant Paul, qui condui-
sait, s'amusait à modérer l'ardeur de mes deux petits chevaux arabes.

La route, à elle seule, est charmante. Elle longe le pied
du Djebel Chénoua, d'une altitude de moins de mille mètres,
mais extrêmement boisé, dont les habitants, des Kabyles,
c'est-à-dire des anciens Berbères ou peuples autochtones,
fabriquent une poterie renommée... chez les Arabes, car ce
n'est ni du Saxe ni du Sèvres.

Nous traversions, dans le sens de sa longueur, la belle et
et fertile vallée de l'Oued-el-Hachem; avant de la quitter,
nous mîmes pied à terre pour admirer les ruines impo-
santes d'un aqueduc romain. Il me paraissait si doux de
flâner, Marcelle appuyée à mon bras! nous l'avions si bien
gagné par ce labeur incessant d'une année!

Quand nous nous décidâmes à remonter en voiture, la
Méditerranée, dont l'azur sombre étincelait au soleil, était
là à notre droite, et nous ne la perdions de vue que lorsque
nous nous engagions dans quelques-uns des différents ravins qui accidentent si agréablement la route.

Nous fûmes avertis de l'approche d'un futur village, Bled-
Bakhora, par la vue d'une série de koubbas aux dômes étin-
celants, qui font toujours penser aux pièces montées, si
éblouissantes de blancheur, que l'on voit en France sur les
tables riches, et dont l'Algérie est privée.

En arrivant à Cherchell, notre premier soin a naturellement été de nous restaurer, car mes gaillards ont un superbe appétit. C'est plaisir de les voir fonctionner à table;
cependant le déjeuner ne nous retint pas longtemps. Chacun
voulait voir ce qui l'intéressait plus particulièrement : Marcelle, les maisons indigènes et le tombeau de la Chrétienne,
que nous avions pensé atteindre de Cherchell; les enfants,
les vieux souvenirs des Romains, et moi, moi qui, au dire
de Marcelle, deviens prosaïque comme la prose elle-même,
je tenais à voir les terres de ce lac Halloula, dont le desséchement a rendu aux labours quinze cents hectares dont
on dit des merveilles.

C'est vrai que l'agriculteur l'emporte aujourd'hui en moi
sur tout le reste; c'est bien réellement là qu'était ma voca-
tion, et c'est ce qui fera ma force, je l'espère. On se tire
avec honneur de ce que l'on aime et connaît bien. Toutefois, n'en déplaise à madame mon épouse, je sens toujours
aussi vivement les églogues et les bucoliques de Virgile. Je
n'ai plus le temps de les lire, c'est vrai, mais j'en savoure
le souvenir, beaucoup mieux même que lorsque j'étais sur

les bancs de l'école, et qu'il me tombait, non du ciel, mais de la chaire professorale, cinq cents vers de Delille à copier, parce que j'avais rêvé sur un pan d'azur ensoleillé ou une cime d'arbre verte et fleurie, au lieu d'écouter les savantes dissertations d'un émule de feu Lhomond.

Mais je crois que je n'ai pas changé...; je muse encore au lieu d'achever de fixer sur le papier le récit de cette charmante journée, où j'ai retrouvé dans la société de mes chers petits, et au contact de leur exubérante gaieté, des élans juvéniles qui étonnaient et charmaient la mère et les enfants.

Informations prises, mon plan, prématurément conçu, n'était pas pratique, mais pas pratique du tout! Il fallait renoncer au tombeau de la Chrétienne et au lac Halloula; je ne voulus pas en avoir le démenti, et j'annonçai que je *nous* octroyais généreusement deux jours de congé au lieu d'un.

Cette résolution a mis les enfants en liesse. Dame Prudence en la personne de Mme Marcelle a formulé des objections : ce serait fatigant pour les petits chevaux, et puis...

Nous étions trois pour lui imposer silence, car j'étais aussi émancipé que les garçons, et nous l'avons inondée d'un tel flot d'objurgations, qu'elle s'est laissé faire en souriant.

Nous avons donc procédé avec une sage méthode.

Il existe un musée à Cherchell, il est malheureux qu'il soit en plein air. Or, qui dit musée, suppose un conservateur, un homme ayant le sentiment de la valeur de ce qui lui est confié. Nous sommes donc allés rendre visite à ce monsieur, qui s'est trouvé être un très aimable antiquaire. Il a mis à la portée des enfants une partie de ses connaissances, et Marcelle et moi avons été trop heureux d'en profiter.

C'est qu'en effet un travail aussi assujettissant que le nôtre deviendrait facilement abrutissant, si on n'avait, pour échapper à cette triste extrémité, le domaine de l'intelligence, où se réfugie la pensée, pendant que les bras font cou-

rageusement leur besogne, et avec une légère variante je
répète après Lamartine :

> Sans toi que serait notre fange?
> Un monceau d'un impur limon,
> Où l'homme après la brute mange
> Les herbes qu'il tond du sillon.

Il résulte de la conversation de cet aimable vieillard que
Cherchell est la colonie phénicienne de Tol, agrandie par
Juba II, et rendue digne par ses soins d'être élevée au rang
de capitale de la Mauritanie césarienne, la *splendissima
colonia Cæsariensis*, comme elle est désignée dans une des
nombreuses inscriptions récemmment découvertes.

Je ne consignerai pas ici l'histoire de la ville à partir de sa
réunion à l'empire romain, après la mort de Ptolémée, fils
de Juba II. Je dirai seulement qu'elle jeta de nouveau un vif
mais passager éclat sous les Byzantins, puis retomba dans
l'oubli.

Elle en sortit le 26 décembre 1839, date à laquelle ses
habitants s'avisèrent de piller un bâtiment de commerce
français, surpris par le calme devant le port. C'était au
premier chef un acte de piraterie qui exigeait une viru-
lente réponse, et la ville fut occupée le 15 mars 1840. On n'y
trouva personne; ses habitants en masse s'étaient soustraits
au châtiment qu'ils sentaient bien mériter. Après une lutte
de quelques mois, les tribus voisines demandèrent à faire
leur soumission, et un centre de population civile fut créé
dès le 20 septembre suivant.

Le conservateur nous montra différentes statues provenant des fouilles et des objets de toute espèce, colonnes,
poteries, tuiles, briques, amphores, urnes cinéraires et des
vases d'une forme élégante qui plurent tout spécialement
à Marcelle. Quant aux enfants, il était difficile de les arracher
à la contemplation d'un riche médaillier où sont groupées
des richesses à rendre un numismate fou de joie.

En résumé, l'antique Cæsarea fait bien honte à la cité moderne. On retrouve au sein des modestes habitations de l'une les traces des palais royaux de l'autre, des théâtres, des amphithéâtres, des cirques, des citernes, des hypogées[1], des aqueducs, des thermes, etc., le tout grandiose et décoré de ces admirables frontons, de ces élégants chapiteaux, de ces majestueuses colonnades, de ces éclatantes mosaïques qui ont fait, font et feront l'admiration des siècles..., tant qu'il en restera du moins! M. L'Hôtellerie nous racontait, avec la sincère désolation d'un archéologue convaincu, quel vandalisme les premiers colons ont montré. On leur voyait briser fûts et frises de marbre pour se procurer un siège grossier à placer devant leurs informes chaumières.

C'est réellement une profanation que cette négation du sentiment du beau! Il est vrai que ces néo-Français avaient pour circonstances atténuantes une ignorance presque absolue de ce qu'étaient ces Romains, sur les traces desquels nous marchons sans pouvoir encore rivaliser avec eux.

La ville actuelle occupe à peine le tiers de l'ancienne Cæsarea. On y compte encore un certain nombre de ces maisons indigènes que Marcelle était si curieuse de voir, et qui se résument presque toutes dans un type unique : un rez-de-chaussée avec une toiture en tuiles creuses et une cour couverte d'une vigne. La seule construction qui mérite un peu le nom d'édifice est la grande mosquée, transformée en hôpital civil et militaire. La toiture en est soutenue par des arcades en fer à cheval reposant sur cent colonnes antiques en granit vert, débris d'un temple romain.

Nous visitâmes ensuite le port, si important du temps des Romains, et qui fut postérieurement comblé par des tremblements de terre. Dès 1848 on entreprit de le rendre à sa destination première, et, dans les fouilles que l'on fit pour cela, on découvrit au milieu de débris sans nom une barque phénicienne et une barque romaine; cette dernière, longue

---

[1] Souterrain servant de tombeau.

de onze mètres et large de quatre et demi, encore chargée de poteries.

Si j'étais riche, mais là, riche comme les princes de la finance, avec quel plaisir je consacrerais un ou deux petits millions à des fouilles intelligemment conduites, et quels trésors sans prix viendraient récompenser ce sacrifice, insignifiant en lui-même! car il y a des merveilles sous ce sol formé par la poussière des siècles. Allons, soyons plus modeste! Je dois m'estimer heureux de fouiller le sol en vue d'une rémunération moins artistique, mais autrement utile pour l'humanité.

Après cette grande dépense d'admiration, nos imaginations surexcitées avaient besoin de répit.

Pour les calmer, après les splendeurs de l'art, nous allâmes chercher celles de la nature, et nous poussâmes une pointe sur la route de Novi, qui est bien une des plus charmantes de l'Algérie. Nous trouvâmes tous qu'il était dommage d'être obligés de songer à rentrer. Mais la nuit était tiède et souriante, la lune baignait de ses molles effluves les tranquilles campagnes que nous traversions.

Comme des oiseaux jaseurs, lorsque disparaît le soleil, Marcel et Paul s'endormirent l'un après l'autre. Nous restâmes seuls, Marcelle et moi, au sein de cette splendide nature qui parle une langue si sublime à ceux qui savent la comprendre. Il y avait longtemps que nous n'avions joui d'un pareil calme. Nous ne nous disions rien, mais nous étions heureux de nous sentir unis, non seulement dans les travaux matériels de notre laborieuse existence, mais aussi et surtout dans un sentiment tout intime, fait de jouissances plus pures et d'aspirations plus élevées.

Le lendemain, par une de ces brusques révolutions si soudaines en cette saison dans les pays chauds, quand nous nous éveillâmes, nous entendîmes un clapotement de mauvais augure pour nos projets d'excursionnistes. La mère de famille eut beau faire ressortir tous les mérites de la patience dans les contrariétés, l'élément masculin fut consterné.

Je suis comme les enfants : à la tâche, je travaille d'arrache-pied. Dès que je me suis promis un plaisir, j'aime à l'avoir, quand ce ne serait que pour n'y plus penser.

Nous avons dû prendre notre parti d'attendre trois mortels jours! enfin nous nous sommes mis en route.

Il nous fallait passer par Marengo, que nous connaissons pour y venir au marché tous les mercredis. Nous fîmes un détour pour aller admirer le premier barrage qui ait été construit dans la province d'Alger, celui de l'oued Meurad, et qui est un travail fort remarquable. Du reste, sa construction a demandé plus de vingt ans; sa hauteur est de dix-sept mètres; à cette élévation, la largeur de la vallée qu'il barre est de cent trente mètres. Ah! si des travaux semblables se multipliaient, l'Algérie redeviendrait le grenier, j'allais écrire de Rome, mais non, des Bou-Roumis, fils de Romains, comme l'Arabe nous appelle.

Ce réservoir, qui est loin, tant s'en faut, d'être un des plus importants de notre colonie, renferme deux millions de mètres cubes d'eau et en fournit deux cents litres par seconde. Le plus vaste incontestablement est celui de l'Habra, dans la province d'Oran, qui contient quatorze millions de mètres cubes.

De là nous nous dirigeâmes par une route accidentée vers le fameux tombeau de la Chrétienne, ainsi nommé sans doute parce qu'il n'y eut ni femme ni chrétienne ensevelie sous son immense voûte. Ce nom lui vient probablement de la légende qui s'y rattache, et que le portier nous raconta avec force détails que j'abrège.

« Le tombeau de la Chrétienne, en arabe Kbour-er-Roumia, aurait été, suivant Marmol et d'autres historiens aussi mal informés, la sépulture de Cava, fille du comte Julien, gouverneur de l'Afrique. Aujourd'hui que les moyens d'investigations historiques sont plus répandus, on sait que ce monument, dont Pomponius Mela révélait l'existence sur la côte, entre Alger et Cherchell, a servi de sépulture à toute une famille de rois maures, *monumentum commune regiæ gentis*. M. le docteur Leclerc a ingénieusement avancé que ce tombeau pouvait bien être celui de Syphax, roi des Massæsyliens, comme le Médr'acem était celui de la famille de Massinissa.

« Le peuple arabe, qui croit à l'existence de trésors dans tout monument extérieur ou souterrain dont il ne peut s'expliquer l'origine et l'usage, a sa légende du tombeau de la Chrétienne.

« Un Arabe de la Mitidja, Ben-Kassan est son nom, ayant été fait prisonnier de guerre par les chrétiens, fut emmené en Espagne, et vendu comme esclave à un vieux savant; il ne passait pas de jour sans pleurer sur la captivité qui le séparait pour jamais peut-être de son pays natal.

« — Écoute, lui dit un jour son maître, je puis te rendre
« à ceux qui te sont chers, si tu veux me jurer de faire ce que
« je vais te dire, et en cela il n'y aura rien de contraire à ta
« religion. »

« Ben-Kassan, sûr de ne point perdre son âme, jura.

« — Tout à l'heure, continua le vieux savant, tu t'embar-
« queras; quand tu reverras ta famille, passe trois jours
« avec elle; tu te rendras ensuite au tombeau de la Chré-
« tienne, et là tu brûleras le papier que voici sur le feu
« d'un brasier, et tourné vers l'orient. Quoi qu'il arrive, ne
« t'étonne de rien et rentre sous ta tente. Voilà tout ce
« que je te demande en échange de la liberté que je te
« rends. »

« Ben-Kassan exécuta ponctuellement ce qui lui avait été recommandé; mais à peine le papier qu'il avait jeté dans le brasier fut-il consumé, qu'il vit le massif monument s'entr'-ouvrir pour donner passage à un nuage de pièces d'or et d'argent qui s'élevait et filait du côté de la mer, vers le pays des chrétiens.

« Ben-Kassan, immobile d'abord à la vue de tant de trésors, lança bientôt son burnous sur les dernières pièces, et il put en ramener quelques-unes. Quant au tombeau, il s'était refermé de lui-même. Le charme était rompu.

« Ben-Kassan garda longtemps le silence, mais il ne put à la fin se retenir de conter une aventure aussi extraordidinaire, qui fut bientôt connue du pacha lui-même.

« La chronique veut que ce pacha soit Salah-Raïs, qui régna de 1552 à 1556 (960 à 964 de l'hégire). Salah-Raïs envoya aussitôt un grand nombre d'ouvriers au tombeau de la Chrétienne, avec ordre de le démolir et d'en rapporter les trésors qu'ils y trouveraient. Mais le monument avait été à peine entamé par le marteau des démolisseurs, qu'une femme, chrétienne sans doute, apparaissait sur le sommet de l'édifice, étendait ses bras sur le lac, au bas de la colline en s'écriant : « Halloula! Halloula, à mon secours! » et aussitôt une nuée d'énormes moustiques dispersa les travailleurs, qui ne jugèrent pas à propos de revenir à la charge.

« Plus tard, et cette fois la légende merveilleuse est muette, Baba-Mohammed-ben-Otsman, pacha d'Alger, de 1766 à 1791, fit démolir à coups de canon, et sans plus de succès, le revêtement est du tombeau de la Chrétienne. »

J'avais souvent aperçu de la route cet étrange et massif monument, qui semble un coteau de pierres posé sur une autre colline. C'est un édifice rond, de trente mètres de hauteur, dont le soubassement carré a soixante-trois mètres sur chaque face et est orné d'une colonnade d'ordre ionique. Ce monument, qui a donné lieu à tant de commentaires, paraît en fin de compte avoir servi de sépulture à toute une famille de rois maures, comme le Médr'acem, monument à peu près semblable de la province de Constantine.

Nous descendîmes ensuite au lac Halloula, au pied de la colline que couronne le Kbour-er-Roumia[1]. Ce lac, dont l'existence remontait à un siècle à peine, car il n'était que le résultat des alluvions déposées par l'oued Djer, fut autrefois célèbre par ses chasses aux canards et aux cygnes sauvages. Les Hadjoutes, cette tribu redoutable qui a donné tant de peine à soumettre, y pêchaient des sangsues, pêche qui,

---

[1] Tombeau de la Chrétienne.

sur une petite échelle, constitue encore un des revenus de
l'Algérie.

En 1855, on conçut la pensée de faire disparaître cette
vaste nappe d'eau, et on en entreprit le desséchement. Naturellement les terres qu'on a ainsi rendues à la culture sont
excellentes. Par malheur, et comme pour prouver que
l'excès en tout est un défaut, alors que la surface entière

Le tombeau de la Chrétienne.

de l'Algérie souffre d'une soif immense, — qu'il serait
pourtant si facile de satisfaire, — le nouveau village de
Montebello a souffert du mal contraire. Les pluies d'il y a
deux ans ont fait déborder la cuvette du lac, qui a ainsi
perdu les récoltes de huit cents hectares. Voilà le danger de
ce bas monde, le trop ou le trop peu; arriver au juste milieu,
à l'harmonie, est le secret... Mais on m'appelle; quel est
l'événement qui met ainsi tout mon monde en révolution?

6

20 septembre 1879.

Hélas! il y avait de quoi. Ces malheureux Arabes, qui semblent avoir juré la perte de notre colonie, ont encore, par
imprudence ou volontairement, enflammé les taillis qui
couvrent les montagnes derrière nous. Le feu, mis le 15 septembre, a duré trois jours et a gagné jusqu'aux pentes du
Djebel-Chenoua, brûlant plus de quinze cents hectares de
forêt. C'était affreux, surtout le soir, où nous pouvions lire
devant notre porte à la lueur des flammes, que l'on entendait crépiter avec une sauvage énergie. Aussi quelle chaleur
dévorante!

Du reste, je ne suis pas sorti indemne de ce désastre : j'ai
eu environ deux hectares de pins et d'oliviers brûlés, et je
dois m'estimer heureux qu'un ravin ait, par bonheur,
détourné l'incendie de la partie où sont mes chênes verts
et mes plus beaux oliviers. Cependant la portion dans
laquelle le feu a exercé ses ravages est celle où étaient des
pins magnifiques que je me proposais d'abattre dans quelques années, car ils avaient leur emploi déterminé dans les
nouvelles constructions que je serai obligé de faire.

Deux cents chênes-lièges ont été également atteints par
l'incendie; ils avaient une vingtaine d'années; on leur avait
déjà fait subir une première opération de démasclage[1]. Mais
comme cette opération peut s'accomplir tous les huit ou

---

[1] On appelle démasclage l'opération qui consiste à arracher le liège du tronc
des chênes. C'est au moyen d'incisions transversales et longitudinales de
l'écorce jusqu'au collet de la racine que l'on obtient le liège en pièces carrées
d'une étendue plus ou moins considérable. C'est dans les mois de juin, juillet
et août que l'on recueille, tous les huit ou dix ans, la croûte épaisse que
forme le liège autour du chêne-liège.

Chaque récolte peut produire *une moyenne* de cinquante kilogrammes.

dix ans, le moment n'était pas éloigné où j'aurais pu béné-
ficier de ce revenu naturel.

Certes, si la première récolte ne produit qu'un liège peu
épais et dur, bon seulement à être brûlé pour faire du noir
de fumée, la deuxième ne donne pas encore du liège à l'état
parfait; cependant il est déjà susceptible d'être employé
dans l'industrie. L'arbre peut ainsi fournir de quinze à vingt
récoltes, dont la qualité est d'autant meilleure que le sujet
est d'un âge plus avancé; c'est donc une perte assez considérable pour moi.

« Mais, me disait Marcelle, j'ai entendu dire que le liège
algérien n'est propre qu'aux usages les plus communs? »

Erreur! Ce n'est que dans le cas où l'arbre qui le produit
est souffreteux, rabougri, exposé dès son jeune âge à la
dent des bestiaux et aux incendies périodiques, ou encore si
on ne lui fait pas subir une exploitation régulière, condition
indispensable pour obtenir un produit de bonne qualité,
c'est-à-dire réunissant l'élasticité, la fermeté, la souplesse,
les mailles fines, serrées et d'une belle couleur rougeâtre.

Au contraire, le liège algérien jouit d'une légitime réputation, qu'il doit au concours de toutes les conditions naturelles
les plus favorables : coteaux secs, terres peu profondes,
lieux découverts, absence de froids aigus et prolongés, chaleur diurne élevée, rosées nocturnes très abondantes. Dans
ces conditions, le liège devient plus fin de substance, plus
élastique, moins poreux, plus exempt de parties terreuses,
toutes qualités qui font préférer les écorces d'Espagne à celles
des autres contrées.

Enfin c'est une perte sèche et sans profit pour personne.
C'est ainsi que se gaspille une des sources de richesse de
cette belle colonie.

2 octobre 1879.

Je n'avais pas prévu que le mal ne se bornerait pas à un manque à gagner dans un temps plus ou moins éloigné, et me toucherait dans ce que j'ai de plus cher. Voilà Marcelle au lit avec la fièvre, une fièvre délirante, qui secoue ses membres amaigris et lui donne une mine cadavéreuse. O Marcelle! j'ai été égoïste, je t'ai laissé prendre plus que ta part de travail, et maintenant... je pourrais tout supporter, excepté la douleur de te perdre!

15 octobre 1879.

Mon autre Marcel m'inquiète également. Le pauvre petit, qui a pour sa mère une adoration trop justifiée, est frappé de la voir si malade; il dépérit; il a aussi des accès; sa force, sa brillante gaieté, tout l'a abandonné. Cher petit! je ne sens combien il m'est précieux qu'en voyant combien me manquent son rire joyeux et les mille gentillesses que lui suggère son aimable caractère. Deux places vides à table, c'est triste, bien triste! Heureusement que la main qui éprouve est aussi celle qui soulage, dit Marcelle, et je tâche de faire comme elle, de mettre mon espoir en Dieu.

Malgré les cruelles préoccupations qui m'absorbent, j'ai dû faire mes comptes de l'année. Il m'importait beaucoup, en effet, de savoir d'une manière exacte à quoi m'en tenir. Chez moi, chaque culture a son compte ouvert par débit et crédit; il doit en être ainsi dans toute exploitation bien réglée, afin de pouvoir augmenter telle culture qui aura donné de bons résultats, et diminuer ou supprimer toute autre dont on n'a point été satisfait.

Somme toute, le compte de profits et pertes se solde par un bénéfice net de 3612 francs, et dans ce chiffre je ne fais pas figurer la plus-value sur tous mes bestiaux, parce qu'elle n'est point encore réalisée.

Je puis donc être tranquille du côté de ma situation pécuniaire, et entreprendre certaines améliorations que j'ai à cœur.

Ce matin j'ai fait appeler Guillaumet aîné, et voici en substance ce que je lui ai dit :

« L'année n'a pas été mauvaise pour moi sous le rapport du produit; le résultat obtenu vous est dû dans une certaine proportion; il est juste que vous y participiez. Il m'a donc paru équitable d'augmenter vos appointements. Vous avez eu, depuis votre arrivée ici, 100 francs par mois pour votre femme, votre frère et vous; à partir du 1er courant, vous toucherez 125 francs; et comme je tiens à témoigner à Mariette personnellement combien nous sommes satisfaits, Marcelle et moi, de son dévouement et de son travail, je vais lui remettre ce livret de caisse d'épargne postale que j'ai pris pour elle, et qui constate un versement de 200 francs fait en son nom. Je dois ajouter que chaque année il en sera de même si les affaires continuent à bien marcher. Je vous ai associé à la peine, il est juste que vous soyez associé au profit. Êtes-vous satisfait? »

Tout le temps qu'a duré ce petit discours, Guillaumet, assis en face de moi, tournait et retournait son large chapeau de paille; mais je le voyais en proie à une émotion qui allait grandissant, et lorsque je lui tendis le livret de caisse d'épargne destiné à Mariette, il bondit vers moi et me prenant vivement la main :

« Té, c'est bien, très bien, Monsieur, ce que vous faites là, me dit-il; je vous en suis bien plus reconnaissant que je ne saurais vous l'exprimer, car les mots me manquent; mais c'est maintenant à la vie et à la mort entre nous. Je cours faire *assavoir* à Mariette et à mon frère vos libéralités à notre égard ; il est bon qu'ils partagent au plus tôt ma joie. »

Voilà un homme que je me suis attaché pour toujours, en ne faisant, après tout, qu'un acte de justice. Il en faut peu pour satisfaire l'ouvrier. Qu'on aille lui parler de se mettre en grève à celui-là! On serait joliment reçu.

31 octobre 1879.

Marcelle et mon fils ne vont pas plus mal, Dieu merci! Ils éprouvent des alternatives de fièvre et de calme. Ils se lèvent maintenant pendant plusieurs heures chaque jour; mais qu'ils sont changés! qu'ils sont pâles et amaigris!

Les fortes pluies de ces derniers temps ont largement arrosé la terre, aussi avons-nous pu commencer nos défrichements dans de bonnes conditions. Comme l'an dernier, nous nous sommes attachés de préférence aux portions les moins embroussaillées, afin d'aller plus vite. Je voudrais ensemencer dix à douze hectares en blé ou orge cette année.

15 novembre 1879.

Nous avons rencontré de grandes difficultés; les touffes de jujubiers et de palmiers nains nous ont forcé d'interrompre les défoncements, et sous peine de faire comme les Arabes et beaucoup de Français, qui sèment en contournant les touffes sans y toucher, nous serons obligés de nous contenter des six ou sept hectares ensemencés l'année dernière et des quatre défrichés depuis un mois. Cela ne fait pas mon compte, car j'aurais voulu conserver pour du fourrage les terres qui ont porté du blé l'an passé.

Mais comme à l'impossible nul n'est tenu, et qu'il était grand temps de mettre le blé en terre, nous avons commencé nos semailles depuis huit jours. Cela va vite, car nous avons maintenant trois charrues qui travaillent à la fois.

20 décembre 1879.

Mes chers malades continuent à aller de mieux en mieux, et j'en bénis le Ciel, qui a eu pitié de mes angoisses. Il y a bien toujours quelques attaques de fièvre, mais les crises sont moins violentes et moins longues. La nouvelle médication électro-homéopathique leur réussit mieux que la quinine, cette *chère* denrée dont il se consomme ici par kilos[1].

Nos semailles sont finies : neuf quintaux de blé et deux et demi d'orge.

Afin de me rendre un compte exact de la différence dans le rendement, j'ai fait semer environ un hectare à la mode arabe. Nous verrons ce qu'il en résultera.

J'ai demandé au jardin d'essai deux cents arbres fruitiers de différentes qualités, ainsi que cinq cents pieds de fraisiers d'espèces diverses, et des groseilliers. Nous sommes occupés à faire les trous afin de pouvoir planter dès l'ar-

---

[1] Dans les premiers temps de la colonisation, et à Bou-Farik en particulier, la quinine entrait dans les consommations qui se vendaient chez les débitants.

rivée des arbres. J'ai aussi mis en terre quelques kilos
d'amandes pour avoir des sujets à replanter dans trois ou
quatre ans.

Le jardinage marche mieux que jamais; tout est superbe
et se vend admirablement; il n'y a qu'à continuer.

12 janvier 1880.

Décidément l'électro-homéopathie a triomphé. Mes cher⸗
malades vont presque tout à fait bien. Le docteur m'a pré-
venu que, comme les autres, je serais bon gré mal gré
atteint à mon tour; mais il a ajouté, — en guise de consolation sans doute, — que si les premières atteintes de la
fièvre sont toujours plus fortes, il ne faut pas s'en effrayer
outre mesure, et qu'elles sont *rarement* mortelles. Je l'ai
beaucoup remercié de l'avis.

Quant aux Guillaumet, ils ne veulent pas entendre parler
de payer leur tribut à l'Algérie sous ce rapport.

« L'ail, disent-ils tous les trois, est un préservatif pour
la fièvre comme pour le choléra, nous en userons largement. »

Ils ont tenu parole. Mais s'ils continuent à en absorber
une telle quantité sous toutes les formes, cela devra nous
garantir tous ici; l'odeur seule suffira. Dieu! que cela pue!...

Tous mes arbres fruitiers sont arrivés en bon état et
plantés. Il y a vraiment plaisir à s'adresser au jardin d'essai. Tous mes compliments à son aimable directeur. Nulle
part on n'est servi avec autant de promptitude et de soins,
tant dans le choix des sujets que pour le parfait condition-
nement.

Nous avons commencé à préparer pour planter un hectare de vigne. J'ai fait venir beaucoup de plants de raisins

VÉGÉTAUX DU DÉSERT

1. Jujubier.   2. Lentisque.   3. Tamarin.

à manger, et par conséquent à vendre, soit aux Arabes, soit sur les marchés. On dit que c'est d'un bon produit.

Afin d'activer la pousse de la vigne plantée l'année dernière, j'ai fait faire une canalisation pour l'arroser pendant les grandes chaleurs. Je procéderai de même pour la nouvelle, si possible.

31 mars 1880.

Ma vigne est plantée, et bien plantée. Mes blés sont sarclés; mon jardinage pousse à ravir; la récolte s'annonce bien. Nous travaillons pour les melons et les pastèques; on en fera plus d'un hectare cette année.

30 juin 1880.

L'orge et les blés sont coupés; mais s'il y a beaucoup de paille, en revanche il y aura fort peu de grains. Les blés ont *versé*, et sous l'influence de quelques terribles journées de siroco, ils sont devenus subitement jaunes. Heureusement que mon jardinage m'indemnisera de la perte que je vais éprouver sur les céréales. Ah! comme je m'applaudis chaque jour davantage de n'avoir point mis tous mes œufs dans le même panier!

14 août 1880.

Les foulaisons sont terminées. Le blé m'a rendu le sept et l'orge le dix, et de toutes parts on me dit que je suis l'un des mieux partagés, car beaucoup n'ont eu que le trois, le quatre; les plus favorisés, le cinq.

J'ai déjà vendu douze mille cinq cents melons et plus de deux mille pastèques. Les premiers ressortaient à cinquante centimes en moyenne, et les secondes à un franc quinze centimes. Voilà un joli revenu, j'espère! Toute la journée c'est une procession d'Arabes qui viennent en charger leurs mules et leurs bourriquots; c'est à ne savoir auquel entendre. J'ai fait un dépôt à Marengo, car je ne pouvais songer à tout écouler ici.

Nous avons greffé cette année une centaine d'oliviers sauvages; sauf de rares exceptions, les pousses sont d'une belle venue; mais j'ai été terrifié en voyant de plus près les désastres que m'a causés l'incendie; mes plus beaux sujets ont été dévorés par les flammes. De longtemps nous ne manquerons pas de bois pour le four et la cheminée; il a fallu couper les arbres rôtis, morts par conséquent, mais non consumés.

Puisque j'en suis sur cette question vitale pour l'Algérie, je dois ajouter que ma pépinière d'eucalyptus est fort belle, et qu'il me sera possible d'en replanter une assez grande quantité en décembre prochain. Mes noyers ont un mètre vingt de hauteur; mais je ne les mettrai à la place qu'ils doivent occuper définitivement que dans trois ans. En attendant ils sont binés, fumés et arrosés chaque fois que le besoin s'en fait sentir.

25 octobre 1880.

Impossible, cette année, de prendre nos vacances habi-
tuelles; d'une part, Marcelle et mon fils ne sont pas encore
bien remis, et j'aurais craint que le voyage ne les fatiguât;
puis les melons, les pommes de terre, le jardinage tout
entier né nous ont pas laissé une minute de repos.

Voici le résultat de mon inventaire annuel, que je n'avais
pas eu le temps de faire jusqu'à aujourd'hui.

Dépenses et frais de toutes sortes, y compris la main-
d'œuvre, la nourriture et l'entretien, dix mille huit cent
trente-cinq francs, ci. . . . . 10 835 fr.

Recettes, quinze mille cent six francs, ci. . 15 106

Différence, comme bénéfice net : quatre mille neuf cent
soixante et onze francs.

Marcelle va être bien contente. Et mes braves Guillaumet!
qu'est-ce que je vais donc faire pour eux cette année? Je les mets
à cent cinquante francs par mois et je donne trois cents francs
à Mariette. Je suis assez content d'eux pour être bien aise
qu'ils le soient de moi. Et puis n'est-ce pas une manière
de témoigner ma reconnaissance à Celui qui a béni mes
efforts?

21 décembre 1881.

C'est avec bonheur que je reviens à toi, mon pauvre
journal. Quatorze mois sans t'avoir fait la moindre visite!
Ah! c'est que, moi aussi, j'ai été cruellement éprouvé pen-

dant l'année qui va bientôt finir, j'ai payé un long et rude
tribut à l'Algérie. Ce n'était pas tant la fièvre que les douleurs rhumatismales, que sans précautions l'on contracte
facilement. Depuis les premiers jours de novembre jusqu'à
fin mars j'ai été alité, et bien des fois, malgré l'assurance
si consolante donnée par le médecin qui a soigné Marcelle,
je me suis cru au bout de mon écheveau.

Triste perspective pour un homme en passe de faire ses
affaires ! Je redoutais si fort de quitter une femme et des
enfants qui me sont si chers !

Marcelle a été admirable de soins et de dévouement. Mal
remise encore elle-même, elle n'a quitté mon chevet ni
jour ni nuit, et a tant fait que me voilà à peu près sur pied.
Le bouillon de tortue a contribué pour une bonne part à
mon rétablissement; j'ignorais que ce fût si excellent, et
surtout si réconfortant. Comme toujours la Providence a
placé le remède à côté du mal.

Pendant ma longue maladie, c'est Mariette qui a pris en
quelque sorte la direction de la ferme. Tudieu! quelle maîtresse femme! Marcelle m'a dit qu'elle s'était décuplée. Le
fait est que les choses ont bien marché, puisque le bénéfice de l'année a été de quatre mille deux cent vingt francs.

C'est un beau résultat, si l'on songe que pendant plus
d'un an je n'ai pu fournir aucun travail et que la maladie
m'a coûté bon.

Puisque toute occupation extérieure m'est interdite pendant un certain temps encore, c'est au vieux confident de
mes pensées les plus intimes que je vais avoir recours pour
tâcher de charmer mes loisirs et de me garantir de l'ennui.

17 janvier 1882.

« Il se passe plus de choses dans ce monde que dans une citrouille, » disait autrefois un de mes vieux amis. J'ignore si cette vérité, digne de la Palisse, est un de ces proverbes où se manifeste, dit-on, la sagesse des nations, mais l'expérience la confirme chaque jour; en voici la preuve.

On m'a remis ce matin une de ces bonnes lettres de famille qui de temps à autre viennent nous réjouir le cœur; on m'annonce, entre autres choses, qu'un de mes camarades de collège, Hippolyte Bastia, marquis de Gilonne, a demandé mon adresse pour venir me voir. Un charmant garçon, ma foi, qui m'avait initié pendant les quelques mois que j'ai passés à Paris, avant mon mariage, à la vie de la capitale! C'était alors un petit-maître dans toute la force du terme; il achevait de manger gaiement les débris d'une grande fortune territoriale que possédait sa famille à la révolution. Il espérait redorer son blason par un riche mariage avec la fille d'un financier. Que diable peut-il être venu faire en Algérie?

9 février 1882.

Hippolyte est ici. Quand je l'ai présenté à Marcelle sous son titre de marquis de Gilonne, il m'a mis la main sur la bouche.

« Il n'y a plus de marquis, m'a-t-il dit, mais un pauvre colon qui a ouï dire que tu prospérais et qui vient te demander ton secret. »

Que répondre à cela? Je n'ai pas de secret, moi! je n'ai que mon travail et celui de mes aides si dévoués, si courageux, si braves!

Il m'a demandé à visiter mon exploitation, et voici le résultat de la longue conversation que nous avons eue ensemble pendant ce temps.

Il a bien réellement épousé la fille du financier dont il avait été question jadis; mais il ne suffit pas d'acquérir, il faut conserver, et, de nos jours, ces fortunes si rapidement acquises ont rarement des bases solides. Son beau-père avait déjà éprouvé de grandes pertes en 1876, lorsque Hippolyte eut l'idée de solliciter une concession. Avec les relations que je lui connais, il ne devait pas avoir grand mal à réussir. Il a donc obtenu soixante ou quatre-vingts hectares dans les alentours de Bou-Saada, et il s'est arrondi en achetant environ deux cents hectares pour quelques milliers de francs. Le père de sa femme a été ruiné par le krach et s'est fait sauter la cervelle. Voici donc mon ami avec trois femmes sur les bras, sa belle-mère, sa femme et une belle-sœur à demi paralysée. Pauvre garçon! que j'ai connu si libre de tout souci, et qui se promettait de traverser l'existence, comme l'hirondelle les champs azurés de l'espace!

« Mais cette propriété doit commencer à te rendre? lui disais-je.

— A me rendre quoi? m'a-t-il répondu naïvement. Pas la vie douce, en tout cas. J'y ai enseveli plus de quatre-vingt mille francs; c'est le plus clair de mon affaire, et elle ne me les rendra jamais.

— Que d'améliorations tu as dû y apporter pourtant! me suis-je écrié.

— Oui, j'ai bâti une assez jolie maison mauresque avec une colonnade élégante dont j'avais relevé le type à Constantine. Il y a au centre de la cour la vasque la plus gracieuse que tu puisses imaginer, dans laquelle retombait avec un bruit argentin et harmonieux le plus joli des filets d'eau. Nous avions fait suspendre des hamacs dans les coins de la

cour, et, le premier été où nous avons habité le pays, j'y
ai quelquefois passé des heures délicieuses, durant les nuits
chaudes et sereines, à suivre la marche des constellations
dans le ciel si admirablement limpide. Mais, à la suite de
je ne sais quel accident, le jet d'eau a cessé de jouer, les
bananiers et les palmiers que nous avions fait transporter
à prix d'or se sont flétris, et ma femme a pris la propriété
en horreur.

— Vends et rapproche-toi du littoral.

— Il faudrait d'abord trouver l'autre. Qui veux-tu qui
s'embarrasse d'une propriété partagée en cinq ou six lots
éparpillés à droite et à gauche, et qui ne rend rien, rien,
absolument rien?

— Mais la vigne? On dit qu'elle vient très bien dans ces
parages.

— La vigne? J'ai fait venir d'Alger à grands frais, tu le
comprends, les meilleurs plants que j'ai pu trouver, et
quand j'avais bien dépensé pour planter, cela mourait avec
un ensemble... pire que celui d'un chœur de l'Opéra. J'en
ai peut-être un demi-hectare, mais composé de plants
qu'un de mes voisins m'a donnés. Il est à sa deuxième
feuille.

— Eh! malheureux, ne comprends-tu pas que tu as mis
le doigt sur la plaie? Tous les ceps que tu faisais venir
souffraient du transport et t'arrivaient séchés, les bourres
arrachées; pour peu que tu retardasses ta plantation, tu ne
mettais plus dans tes fossés que des bâtons.

— Peut-être as-tu raison; mais ce qui est certain, c'est
que les terres de là-bas ne valent rien.

— Tant vaut l'agriculteur, tant vaut le sol, » murmura
Marcelle en souriant.

Heureusement qu'il n'entendit pas. Je ne voudrais pas le
froisser, le pauvre garçon, surtout à cette heure qu'il me
paraît être rudement dans la peine. Il n'y a pas si longtemps que nous avons passé par là, pour que je ne sym-
pathise pas avec lui du plus profond de mon cœur. Il faut

dire aussi qu'il ne m'a pas l'air de s'y être pris par le bon bout. Certes, il faut bâtir; mais le plus pressé est de planter. Avec l'argent qu'il a si mal dépensé, il pourrait aujourd'hui avoir une dizaine d'hectares de vigne en rapport; il retirerait, et au delà, l'intérêt de son argent.

J'ai tenu à savoir comment ses terres étaient si mauvaises, alors que j'ai entendu parler d'époques où à Bou-Saada, qui manque de routes et par conséquent de débouchés commerciaux, l'orge abondait assez pour qu'on le vendît un franc cinquante à deux francs le sac de cinq doubles décalitres, et le blé de trois à quatre francs.

« A vrai dire, me répondit-il, je n'ai guère fait faire que de la culture arabe; je donnais au cinquième, usage général dans le pays, et on me volait régulièrement ma part.

— Et tu t'étonnes! me suis-je récrié. Ne sais-tu donc pas ce qu'est cette culture des Arabes? N'as-tu jamais regardé les sillons irréguliers qu'ils tracent, qui ne dépassent jamais cinq à six centimètres de profondeur, entre lesquels ils laissent des bandes de terrain intact et que la terre remuée ne recouvre qu'imparfaitement? Que font-ils lorsqu'un obstacle, des palmiers nains, des touffes de jujubier ou de scilles encombrent les champs? Ils tournent autour sans les endommager, avec plus de soin qu'autour de nos vignes assurément; et c'est à eux que tu t'es adressé pour obtenir un rendement!

— Je leur fournissais des charrues.

— Et qu'en faisaient-ils?

— Ils les ont cassées, et je me suis lassé de les remplacer.

— Alors ils cultivaient absolument à leur mode? Et ne sais-tu pas ce qu'est la charrue arabe? — Tu n'en as peut-être jamais vu, Marcelle, parce que dans notre région les indigènes ont dès longtemps commencé à adopter notre outillage; — mais voici en quoi elle consiste : c'est un araire ou dental dans toute sa grossièreté primitive. Les

morceaux de bois qui le composent sont à peine écorcés,
et souvent le soc, formé de bois très dur, ne porte point
de fer. Au lieu d'une oreille pour retourner la terre, c'est
une simple cheville traversant le montant qui fixe le soc
à l'arbre.

— Cependant, me répondit Marcelle, les Arabes ont de
la récolte en dépit de ces méthodes barbares.

— Oui, telle est la richesse du sol et l'influence du climat. Seulement veillais-tu à ce qu'on fît des assolements?»
ajoutai-je en me tournant vers Hippolyte.

Il me regarda avec de grands yeux.

« Je crois que mon gérant m'a parlé de jachères.

— Et tu confonds jachères et assolements! Ah! malheureux, tu n'es qu'un barbare en fait d'agriculture!

— Un barbare, soit, a-t-il répété avec découragement;
mais à quoi bon apprendre? tous les quatre ou cinq ans
nous avons les sauterelles.

— Les sauterelles! cette plaie d'Égypte! s'est écriée
Marcelle avec épouvante.

— Pas une si grande plaie que cela, » ai-je répondu.

Ah! si j'avais menacé Marcelle de la battre, ou Hippolyte de lui planter un poignard dans le cœur, je n'aurais
pas provoqué une consternation plus grande; ils m'ont
regardé tous les deux comme s'ils craignaient que je ne
fusse devenu fou.

« Tu as tort de plaisanter, m'a dit Hippolyte gravement;
je suis venu à toi en confiance, n'oublie pas que je compte
sur ta sympathie. »

Ma sympathie! est-ce qu'il ne l'a pas tout entière, ce
grand enfant, si désarmé pour commencer le rude combat
de la vie, dans lequel j'eusse succombé sans Marcelle et ses
tendres rappels à la confiance qui convient à un chrétien?
Et lui qui n'a qu'une compagne futile, regimbant à la
lutte!

« Mais qu'ai-je dit pour exciter une pareille surprise? La
sauterelle n'est-elle pas le dérivatif de l'incurie de l'Arabe?

« Dans cette terre d'Algérie qu'épuisent des milliers de cultivateurs, et à laquelle nul ne songe à rendre les principes vitaux qu'on lui enlève par une culture sans raison ni pitié, la sauterelle ne se présente-t-elle pas comme élément régénérateur? N'est-ce pas une question résolue pour ceux que le grand problème de l'Algérie intéresse. Évidemment elle a l'aspect d'un fléau; mais le feu, mais l'eau, bons serviteurs et mauvais maîtres, ne sont-ils pas aussi, laissés à eux-mêmes, des fléaux dévastateurs? On les a réglementés, contrôlés, et ils sont devenus les trésors de l'humanité. Ce n'est pas moi qui l'ai dit :

« *Lorsqu'on ne restitue pas au sol les principes minéraux qui lui sont enlevés chaque année, sa fertilité va sans cesse en diminuant*[1].

« Or, si les sauterelles détruisent, elles rendent aux terres qu'elles ont dépouillées la totalité des matières herbacées qu'elles ont absorbées. En outre, elles abandonnent par la mort une quantité de sels minéraux représentés par leurs propres corps, puisque c'est par millions de tonnes qu'on peut évaluer les carapaces répandues et desséchées dans les champs.

« Et suivez bien mon raisonnement.

« Des expériences faites, il résulte que le poids des sauterelles varie de trois à quatre grammes par individu; il n'en faut que trois cents pour le kilo; or un kilo de sauterelles desséchées a donné à l'analyse soixante-neuf parties d'eau et trente et une parties de matières solides animales, c'est-à-dire l'engrais le plus puissant qui existe; car on peut comparer le compost ainsi formé au meilleur guano que fournisse le Pérou. Le guano vaut 25 francs les cent kilos ou 250 francs la tonne; les sauterelles laissent mille tonnes de compost à l'hectare; c'est donc par 25 000 francs de l'engrais le plus riche qu'elles payent leur passage. Ne suis-je pas fondé à dire que ce n'est plus de nos jours une

---

[1] Liebig.

si grande plaie que lorsqu'on ignorait pouvoir en tirer parti?

— Comme ce serait admirablement raisonné, s'il y avait moyen de les parquer, d'arrêter leur dévastation, interrompit Hippolyte railleur. On s'aperçoit que tu ne les as pas vues à l'œuvre; que tu n'as pas regardé tes champs ou tes arbres déjà verts disparaître sous un nuage vivant et reparaître pelés, dénudés, tondus. Va donc les arrêter! Moi qui te parle, j'ai vu notre population française et indigène s'unir dans des efforts désespérés qui ressemblaient aux bacchanales des peuples les moins civilisés! Imaginez, Madame, hommes, femmes, vieillards et enfants, armés de tout ce qu'on peut trouver de résonnant dans une batterie de cuisine, s'agitant, se mouvant, se démenant, criant, hurlant, pour tâcher d'arrêter les sauterelles, qui n'en dévoraient pas moins à leur aise tout ce qui se trouvait devant elles.

— Oh! c'est affreux, dit Marcelle les larmes aux yeux.

— Ce qui était bien plus affreux, répondis-je, c'est de penser qu'en homme d'intelligence et d'influence, tu n'aies pas cherché à te renseigner pour réagir contre cette navrante superstition. A quoi servent toutes les publications des agronomes et des maîtres qui font autorité en matière d'agriculture, si ceux qui ont besoin de savoir ne les consultent pas?

— Et qu'aurais-je pu faire? je te prie.

— Apprendre toi-même et enseigner aux autres qu'il est d'autres moyens de se défaire de l'ennemi. C'est pendant les cinq heures qui précèdent l'action du soleil sur les sauterelles, complètement engourdies par la rosée, absolument comme mortes, qu'il fallait agir.

— Agir? comment?

— A partir de trois heures du matin, groupe tous ces tapageurs de la journée, que chacun se munisse de sacs, de tout ce qui peut servir de réceptacle, et qu'on ramasse à force de bras. Tu verras alors que non seulement tu te seras débarrassé en une nuit de la majeure partie de la nuée, mais que tu auras mis en réserve de quoi te procurer au bout d'un an ou deux des récoltes à se croire revenu au bon temps des Romains.

— Je n'ose plus railler; cependant, mon cher, il est une question que tu me sembles passer sous silence avec une désinvolture...

— Laquelle ?

— Celle des exhalaisons, parbleu! dont il est difficile de faire bon marché. Ne te souviens-tu pas que saint Augustin constate que huit cent mille âmes périrent dans la Numidie par suite des miasmes développés par les masses de sauterelles que les vagues de la mer rejetaient au rivage?

— Assurément cette question a été prévue. Aussi est-il bien entendu que chacun des travailleurs ne va pas, après le lever du soleil, rester en contemplation devant ses quelques sacs de cueillette. Au préalable tu as fait creuser une tranchée profonde de quarante, cinquante mètres de longueur, sur deux, trois, quatre de large.

— Mais on l'a fait cela, et les dégagements putrides ont été intolérables.

— Parce qu'on ne s'était pas pourvu de l'élément désinfectant et actif par excellence pour déterminer la rapide transformation des matières décomposables. Il faut de la chaux. Un lit de chaux, un lit de sauterelles, ainsi de suite, jusqu'à cinquante centimètres du sol, puis recouvrir et tasser la terre. Tu aurais là, au bout de peu de temps, une ressource dont tes champs épuisés te diraient des nouvelles. »

Nous avons encore longuement débattu la question, car elle se présente sous des faces multiples. En général, on n'attend pas que la sauterelle soit à l'état d'insecte parfait; c'est lorsqu'elle subit sa métamorphose et qu'elle est dépourvue d'instruments qui lui permettent de se cacher sous terre ou de voler, qu'elle peut être le plus facilement poursuivie et ramassée à la pelle; et cela d'autant mieux;

qu'elle s'avance dans les champs par bandes et par groupes
dont la couleur tranche sur celle du sol. Or, cette première
période dure trente jours.

25 février 1882.

Hippolyte est parti hier. Il s'est fait dresser un plan de
campagne; mais d'abord c'est trop tard pour cette année,
et puis...

27 février 1882.

C'est extraordinaire comme l'habitude de vivre ensemble
dans une douce harmonie donne de la conformité aux
idées. C'est Marcelle qui venait m'interrompre pour me
demander si je pouvais réellement guider mon ami sans
avoir vu sa propriété et les ressources dont elle dispose.
Elle me conseille d'aller le visiter, si toutefois il m'est possible de m'absenter maintenant.

« Si tu pouvais le mettre à même de se tirer d'affaire,
quelle joie ce serait! car on a des amis, ou on n'en a pas,
me disait-elle; et puis c'est un devoir : aider les autres,
c'est aider la Providence. »

Et cependant elle ne peut souffrir de me voir m'éloi-
gner; c'est tout une affaire pour elle; mais elle est si
désintéressée, et le mot devoir trouve toujours un écho
dans son noble cœur! J'y songerai. Toutefois ce ne serait
jamais qu'à la fin de notre année agricole, qui finit tôt,
car la vendange ne doit point encore exiger un temps considérable.

Bou-Saada, 15 septembre 1882.

Me voici chez ce pauvre marquis, car, si chez moi il avait déposé son titre à la porte, sa femme et sa belle-mère ne prétendent pas laisser oublier que madame est marquise. Elle serait gentille, cette petite Parisienne, si elle n'exagérait pas à ce point les modes de Paris! Ici, presque dans le désert, tous ces nœuds, ces falbalas, ces bijoux semblent jurer.

Mais passons...

Mme de Gilonne m'a accueilli avec une grâce charmante; toutefois elle n'a pu cacher sa surprise que son mari ait un ami si..., tranchons le mot, si commun. Il y a beau jour que je n'ai plus mis de bottes vernies et de gants de peau! je n'ai pu faire ce sacrifice à Hippolyte.

Il a eu des sauterelles; il a tâché de se conformer à mon programme, et vraiment c'est heureux! Ainsi que je l'avais prévu, ses terres sont épuisées; elles rendaient encore le sept, le huit, le neuf, il y a trois ou quatre ans; elles ont produit le quatre cette année.

Ensuite il n'y a pas d'eau. Peut-on imaginer une chose pareille! dépenser quatre-vingt mille francs dans une propriété, et n'avoir pas songé à se procurer de l'eau pour irriguer seulement un hectare! Et dire que presque partout ici on trouve des sources assez considérables à cinq ou six mètres de profondeur!

Bou-Saada, 23 septembre 1882.

Nous nous sommes rendus hier au marché quotidien de Bou-Saada, où il se fait un commerce d'échange assez considérable. C'est une ville vraiment originale d'aspect, je

Criquet pèlerin.

devrais dire saharienne, car un désert au nord la sépare d'Aumale, dont elle est distante de cent trente-cinq kilomètres, et le Sahara, au sud, y fait vivement sentir son influence, quoiqu'il en soit encore assez éloigné.

Son ensemble forme une masse compacte et grisâtre qui s'élève à une altitude de cinq cent soixante-dix-huit mètres,

7

et se profile sur le bleu cru du ciel, en se détachant de la
verte ceinture que lui font à sa base les jardins de palmiers
et autres arbres à fruits qui l'enserrent. Elle est bâtie en
amphithéâtre, et le sommet du plateau est couronné par la
casba française et les constructions militaires, qui reposent
sur des blocs taillés, vestiges d'un de ces postes que les
Romains avaient installés sur la lisière du Sahara pour ravi-
tailler leurs colonnes lointaines.

J'ai conseillé à Hippolyte de faire creuser une noria, et
comme il a pu juger *de visu* des avantages considérables que
je retire de ma source, il a accepté mon idée avec empressement. Assurément ce serait le salut pour lui, d'autant plus
qu'il s'occupe beaucoup mieux de son exploitation Il dit que
je lui ai infusé un nouveau courage; le fait est qu'avec de
l'eau il pourrait faire des cultures maraîchères, ce qui serait
d'un très bon rapport, car les légumes manquent absolument dans le pays; puis de la culture industrielle, telle que
la ramie, par exemple.

Mais pour cette plante, appelée à donner dans l'avenir de
si beaux résultats, il faut quatre ans avant de pouvoir commencer à récolter.

En attendant, je lui conseille de recourir à l'emprunt,
cette extrémité que je suis parvenu à éviter, et, avec le produit de cet emprunt, de faire creuser sa noria et d'acheter des bêtes; même en suivant les errements de l'élevage
arabe, qui se pratique sur une grande échelle à Bou-Saada,
il doublera son capital chaque année. De cette manière il
sera à l'abri du besoin.

Ah! que ne peut-il avoir un Guillaumet! Il est vrai qu'il
lui faudrait aussi une Marcelle, une Mariette, un Tonin,
tout ce que j'ai. Pauvre garçon, comme je le plains!

En revenant à la propriété, appelée le château par les
habitants du pays, Hippolyte m'a raconté l'histoire de Bou-
Saada; je la consigne ici, car elle m'a paru assez curieuse
pour mériter les *honneurs* de mon journal.

Vers le vi⁰ siècle de l'Hégire, un chérif, Sliman-ben-Rabia,

originaire de Saguit-el-Hamra, en Mor'reb, vint camper au
pied du Djebel-Msâd, à Aïoun-Defla. Peu de temps après,
il fut rejoint par un taleb vénérable, nommé Si Tamar, qui
avait fait de savantes études dans les zaouïas et les m'dersa
de Fez.

Si Tamar s'arrêta près des pierres taillées, vestiges d'anciennes constructions nazaréennes. Séduit par la beauté de
la rivière, par la limpidité de la fontaine, le mor'rebin
chassa les chacals qui demeuraient dans les roseaux, et,
aidé par les gens de Si Sliman, il pétrit des briques et se
construisit une maison, où il s'adonna à la contemplation et
à l'étude des livres.

Quelques nomades des Oulad-Madhi et des Oulad-Naïl visi-
tèrent le saint homme, dont la réputation de science et de
justice ne tarda pas à s'étendre jusqu'à Msila et au delà. Des
jeunes gens avides de profiter des leçons de Si Tamar se
réunirent autour de lui et se construisirent des habitations,
qui formèrent le noyau d'une ville. Les Béderna cédèrent
tous leurs droits sur les terrains environnants moyennant
quarante-cinq chamelles.

Au moment où l'on terminait la mosquée, Si Sliman et
Si Tamar devisaient ensemble sur le nom à donner à la cité
naissante. Ils étaient encore indécis, lorsqu'une négresse
vint à passer et appela sa chienne : « Sâda! Sâda! (heureuse!) » Ceci leur parut de bon augure; ils nommèrent
Bou-Sâda (l'endroit du bonheur) l'oasis dans laquelle était
construite la ville nouvelle. L'Oued-ben-Ouas, qui arrose ce
petit pays, prit aussi le nom de Bou-Sâda. »

Après bien des recherches, Hippolyte a fini par trouver
un puisatier qui me paraît assez bien connaître son métier,
si j'en juge par les renseignements qu'il nous a donnés.

Plusieurs sondages sont restés infructueux; il a cependant fini par trouver un endroit dans lequel il affirme qu'il
y a de l'eau en abondance à une profondeur qui ne doit
pas dépasser six à sept mètres. Ce point réunirait bien des
avantages : à cinq cents mètres à peine de la maison, dans

un terrain légèrement en pente, mais un peu trop sablonneux, à mon avis. Sans doute il serait possible d'établir là un très beau jardin de quelques hectares, mais quelle énorme quantité de fumier et d'eau il faudra! Enfin il n'y a pas à choisir; c'est le seul emplacement auquel on puisse songer dans les terres voisines du château.

Le puisatier a déclaré qu'il était prêt à se mettre à l'œuvre et qu'il répondait du succès; seulement une grave difficulté s'est présentée, et la situation gênée de mon ami me paraît la justifier. Avant tout travail, cet homme demande une provision de deux cents francs; Hippolyte m'a déclaré qu'il ne les avait pas. Comment faire? J'ai prêté cette petite somme au pauvre garçon; il me la rendra sur l'emprunt qu'il va faire et que le notaire du lieu lui a promis de réaliser dans un court délai. Heureux si, dans la mesure de mes forces, je puis aider mon excellent petit marquis à sortir d'embarras!

Fedjana, 6 octobre 1882.

Grosse affaire! En revenant chez moi je distingue, au milieu des joies du retour, que Marcelle a de l'ennui, et j'apprends qu'un voisin peu gêné, comme il s'en trouve partout d'ailleurs, a imaginé d'ensemencer au moins un hectare et demi de mes terres les plus éloignées de la maison, et qui par conséquent échappent forcément à la surveillance. Guillaumet a fait des représentations qui sont restées vaines, et comme il ne brille pas par la patience, il a parlé de procès.

C'est la perspective de ce procès qui a troublé la quiétude de ma chère femme; heureusement que d'un mot j'ai calmé ses appréhensions. Tout le monde sait que le meilleur procès ne vaut rien; ce n'est pas d'aujourd'hui qu'on a écrit :

> O l'invention salutaire
> De la justice avec dépens;
> Vous disputez un pied de terre...
> Il vous en coûte vingt arpens!

J'ai réglé l'affaire à l'amiable. Comme mon droit était incontestable, le voisin me donnera la moitié de l'orge récoltée sur la terre dont il s'est emparée, et tout sera dit. Je lui ai offert de lui céder dix à quinze hectares dans les mêmes conditions. Ma proposition n'a pas paru lui sourire. C'eût été bien avantageux... pour moi cependant d'avoir des terres débroussaillées à ce prix.

Fedjana, 25 octobre 1882.

Décidément je n'ai plus qu'à me laisser vivre. Tout se fait à peu près sans moi, mais non en dehors de moi. Les Guillaumet, stimulés par les avantages que je leur accorde et qu'ils ne retrouveraient certainement pas ailleurs, — *ils le savent bien*, — font parfaitement marcher ma ferme. Mon livre de caisse accuse pour cette année un solde créditeur de 5916 francs. La progression ascendante ne se ralentit pas.

Les Guillaumet ont été contents, — je le crois pardieu bien! — et j'avoue que ce succès dépasse mes espérances.

J'ai maintenant quatre juments poulinières dans mes écuries, trois pouliches et un poulain de six mois, trois belles vaches laitières avec leurs veaux, trois chevaux de trait, douze bœufs de labour; dans ma bergerie, cent cinquante-six brebis de deux et trois ans, deux chèvres, et dans ma basse-cour... Ah! pour le coup, je renonce à en faire la nomenclature, ce serait un peu trop long, et puis, à dire vrai, je n'en sais rien, car ce n'est point mon affaire. La basse-cour appartient à Marcelle et à Mariette; c'est la source d'où elles retirent leurs petits profits personnels.

8 juin 1883.

Paul et Marcel ont pris leur certificat d'études aujourd'hui. La bonne chose qu'un pays agricole jouissant d'une aussi excellente organisation scolaire! Les chers petits sont très heureux. Paul, qui a si souvent manqué l'école pour nous aider dans nos travaux, a dû beaucoup bûcher ces derniers temps pour rattraper son frère; mais l'un est si consciencieux et l'autre si intelligent! Nous jouissons vivement de ce petit succès. Ils ne nous donnent que de la joie, et depuis leur première communion, qu'ils ont faite à Pâques, leur désir de bien faire s'est encore accentué.

5 septembre 1883.

Notre première vendange sérieuse est terminée; jusqu'ici nous n'avions fait que grappiller. Cependant l'année dernière, entre les premiers et les seconds vins, nous sommes presque arrivés à ne boire que le produit de notre vigne, et c'était déjà une sensible économie.

Cette année, c'est autre chose : nous aurons dix à douze bordelaises à vendre.

Il est grand temps de songer à faire la cave, et nous allons nous en occuper dès que les semailles seront terminées. Mon emplacement est tout trouvé ; je vais faire creuser la montagne à laquelle la maison est adossée du côté du nord ; nous aurons ainsi sous la main une cave fraîche et magnifique. Mais c'est une énorme dépense, à laquelle il faut ajouter celle de la vaisselle vinaire.

L'année n'a pas été bonne : le siroco a brûlé nos récoltes de céréales, et c'est à peine si nous avons obtenu un rendedement de six pour cent. D'autre part, nous avons perdu beaucoup d'agneaux, sans pouvoir nous rendre un compte exact de la maladie qui les emportait : des coliques, des convulsions... ou autre chose les frappaient tout à coup, et dix minutes plus tard, ils étaient morts. J'ai dû faire évacuer la bergerie ; peu après la mortalité a cessé. Depuis lors mères et petits sont parqués ; mais je perds ainsi beaucoup de fumier.

Comme toujours, les melons, les pastèques et le jardinage de toute sorte nous ont indemnisés des pertes indiquées ci-dessus. Je crains bien que le solde des profits et pertes ne soit peu important cette année. Le troupeau est maintenant pour nous une source de bénéfices ; il me donnera bien peu de résultat pour cette campagne. Tout ne saurait réussir, ce serait trop beau.

14 septembre 1883.

Marcelle et les enfants sont en France ; leur départ a été bien subit. Ma belle-mère est gravement malade, nous écrivait-on le 6 courant ; je crains fort que ma chère femme ne soit allée au-devant d'une douleur qui, tout inévitable qu'elle soit, la trouvera mal préparée. La mère et la fille se ché-

rissent si tendrement. Heureusement que Marcelle sait où
puiser la consolation pendant les jours d'épreuve.

10 octobre 1883.

Les choses ont mieux tourné que je ne l'espérais : Marcelle
et les enfants sont de retour, et ma belle-mère va beaucoup
mieux. Ils auraient bien ramené la convalescente avec sa
vieille bonne, si nous avions eu la place pour les recevoir.
Je comprends aux demi-mots de Marcelle qu'elle voudrait
nous voir agrandir la maison; mais elle ne veut pas me
demander une dépense qui excéderait nos moyens actuels.
En bien calculant, je me dis qu'il faudra toujours en venir
là un jour ou l'autre; les enfants grandiront, et la maison
semble, au contraire, diminuer, grâce aux provisions de
toute nature qu'il faut y conserver. Je ne crois pas pourtant
qu'il soit prudent d'y songer cette année.

18 octobre 1883.

Grande rumeur dans Landerneau! Le jeudi 14 courant,
à trois heures de relevée, par-devant le jeune sire Vidame,
Paul, et sous l'étreinte de la charrue de maître Janius Guillaumet, a été découverte et mise à nu...

Non, en style moins emphatique, nous avons eu jeudi
dernier un réel plaisir.

On défonçait assez profondément une pièce de terre où je
prétends mettre de la vigne, quand se produisit un arrêt

soudain. Paul avait beau exciter les bêtes, Guillaumet chercher à dégager le soc, quelque chose de très résistant enrayait la marche de l'équipage. On tenta de nouveaux efforts, et j'arrivai sur ces entrefaites.

Je fis aussitôt ce qu'il y avait à faire, et ce à quoi ni l'enfant ni l'homme n'avaient réfléchi : je creusai autour du soc de la charrue, et j'aperçus une pierre fortement encastrée dans le sol.

Ces sortes d'accidents ne sont pas rares, et je ne m'en serais pas autrement inquiété si, en me relevant, je n'avais cru apercevoir le mot DEO. Cette impression, si fugitive qu'elle fût, me frappa; je résolus d'en avoir le cœur net, et nous passâmes plus de deux heures à dégager la pierre, que je n'aurais point voulu endommager par un coup de pic malencontreux.

Guillaumet faisait la grimace, car dans cette saison on ne devrait pas perdre un instant inutilement. En toute autre circonstance, j'eusse cédé sans doute à des observations justes, et, après tout, faites dans mon intérêt, mais quelque chose me disait que j'allais faire une trouvaille. Je tins bon, et nous redressâmes bientôt une stèle[1] sur laquelle, après quelques grattages prudemment exécutés, nous découvrîmes l'image d'un jeune homme coiffé du bonnet phrygien, le genou appuyé sur un taureau qu'il tient terrassé et à la gorge duquel il plonge un glaive acéré. Les quelques lettres dégagées par le frottement de la charrue se complètent ainsi :

DEO INVICTO MYTHRÆ

« Té, remarqua Guillaumet, lassé des exclamations laudatives que nous prodiguions à l'envi, m'est avis qu'il faudrait avoir des douzaines de ces pierres-là pour marquer les limites de la propriété; ça pourrait éviter des procès. »

---

[1] Monument monolithe ayant la forme d'un fût de colonne.

Voilà tout ce que son gros bon sens de paysan a pu trouver devant ce vestige d'une civilisation disparue et dont
nous sommes les continuateurs. D'ailleurs, son idée est pratique; malheureusement, si j'en trouvais des douzaines,
comme il dit, je leur réserverais probablement une autre
destination plus honorifique.

Cette trouvaille a éveillé chez Marcel un sentiment de
curiosité qui lui a déjà valu maints déboires; il n'a plus la
tête qu'aux découvertes. Hier soir il s'était rendu à l'endroit
où nous avions enlevé la stèle, et où il ne rêve rien moins
que de découvrir une cité telle que Pompéi ou Herculanum.

« Quand je vous le disais que j'y trouverais autre
chose! » s'écria-t-il en se précipitant dans la maison, où
nous prenions un air de feu, tandis que Mariette dressait
le couvert.

Et il brandissait un objet que dans la pénombre je ne
distinguais point.

« Té, ma pipe! monsieur Marcel; *ousque* vous l'avez
trouvée? a demandé Guillaumet.

— Oui, votre pipe!... a répondu l'enfant indigné. J'ai
trouvé cela dans le trou que papa a creusé! »

Là-dessus grande discussion, l'enfant alléguant la croûte
de terre dont le modeste ustensile était revêtu, — il a plu
tous ces jours derniers, — et Paul prenant parti pour son
frère. Mais Guillaumet a fait cesser tout malentendu en
tirant de sa vaste poche le bout du tuyau qu'il avait cassé
la première fois qu'il s'en était servi, et qui s'adaptait mer-
veilleusement bien au tuyau restant que Marcel tenait à la
main.

Pauvre enfant! il a pris si à cœur ce petit mécompte
archéologique, que cela m'en faisait peine véritablement.

Fedjana, 20 octobre 1883.

Ainsi que je l'avais prévu, mon bénéfice est presque nul cette année. Deux mille cent quarante-trois francs tout juste; il est vrai que je n'ai pas encore vendu mon vin, et il y en a bien pour cinq cents francs.

Enfin je ne suis pas en perte, c'est déjà quelque chose.

Guillaumet a si bien compris que le résultat n'était pas avantageux, qu'il est venu me dire qu'il ne voulait pas d'augmentation pour l'an prochain. Je lui ai su bon gré de cette démarche, car elle m'a évité la peine de lui faire un aveu qui me coûtait fort. Mais Mariette aura les cent quarante-trois francs qui sont en plus des deux mille.

Ces gens-là, sous leur rude enveloppe, ont un cœur accessible à toutes les délicatesses.

8 novembre 1883.

Excellentes nouvelles d'Hippolyte. Les prédictions du puisatier se sont réalisées : il a beaucoup d'eau, et par conséquent des revenus assez considérables, qui lui ont permis d'entreprendre certaines améliorations sérieuses que je lui avais sommairement indiquées. Il a pu faire cette année des labours de printemps, inconnus dans sa région, et a utilisé le guano que le ciel lui envoya, il y a dix-huit mois, sous forme d'acridiens (*acridium migratorum*). Je suis curieux d'en connaître le résultat. Son troupeau a plus que doublé le capital engagé. Il s'est très bien trouvé de donner à manger à ses bêtes pendant la nuit; par ce moyen il a engraissé deux fois dans la même année.

Maintenant qu'il a vu combien est grande et importante la question de l'eau en Algérie, il cherche sans cesse de nouvelles sources, comme le savant du moyen âge cherchait la pierre philosophale, — mais avec plus de chance d'en rencontrer. Il a découvert dans un recoin où il était rarement passé auparavant un suintement de bon augure, et qui semble indiquer qu'une nappe d'eau assez considérable doit exister là. Il attend le premier billet de mille dont sa vigne le mettra à même de disposer pour faire faire les travaux d'aménagement.

« J'en espère les plus brillants résultats? » m'écrit-il, et je suis de son avis.

Il ajoute qu'il a fait un hectare de maïs géant qui lui a donné environ *six cents quintaux* métriques d'un excellent fourrage pour les bestiaux, avec lequel il est en train d'engraisser un certain nombre de bœufs maigres, achetés aux Arabes pour un morceau de pain, à un moment où la pénurie d'herbe les forçait à vendre à tout prix.

Allons, tant mieux! voilà mon pauvre ami tiré de peine.

Je me propose d'examiner de près cette question du maïs pour fourrage; dès la première année de mon installation ici j'ai enclos mes cultures maraîchères par un entourage de ce maïs géant, et cette plante, arrosée à l'eau courante, a atteint une hauteur de deux mètres et demi à trois mètres et rapporté trois à quatre épis de vingt-cinq à trente centimètres de long; tige et feuille, tout est en proportion. C'est ce même maïs que l'on coupe avant qu'il soit en fleur, que l'on enferme dans des silos[1], et que l'hi-

---

[1] Un silo, en Afrique, est une opération facile. On creuse un sol très sec, on y dépose le blé également très sec ou tout autre produit que l'on veut conserver, et on le recouvre d'une terre argileuse sur laquelle l'eau glisse sans y pénétrer. On a ainsi, sans aucuns frais, des greniers d'abondance souterrains où le blé en particulier est à l'abri de tous les fléaux et peut se conserver indéfiniment.

ver, au fur et à mesure des besoins, on en extrait parfaitement conservé, ce qui permet d'engraisser dans d'admirables conditions, et d'obtenir des sujets, de véritables
sujets à la place des pauvres bêtes dont les bouchers nous
régalent, et dont les côtes décharnées serviraient mieux pour

Le maïs.

des études anatomiques que pour la confection d'un bouillon... gras surtout.

15 octobre 1884.

Notre petit cercle s'est diminué. Il a fallu se séparer des
enfants et les conduire au lycée.

Un gros chagrin, une grosse dépense.

La raison nous aide à supporter le premier, car c'est un mal nécessaire; et puis nous savons dans quelles excellentes dispositions d'esprit et de cœur sont ces chers petits, qui ne nous avaient jamais quittés, et ont si bien profité des leçons et de l'exemple de leur mère. La vigne nous permet de parer à la seconde.

Une jolie vendange pour une vigne si jeune! Quelle végétation vigoureuse! Nous avons eu des grappes qui pesaient un kilo et des sarments de plus de trois mètres et demi. O riche nature, ils te calomnient ceux qui t'appellent marâtre! seulement tu exiges l'effort, le travail individuel! C'est avec ceux qui se penchent vers toi la sueur au front que tu t'humanises et que tu te montres mère clémente et juste.

Hippolyte m'a écrit, et je vais commencer à le jalouser. Son blé lui a rendu le *seize*, et encore l'année n'a pas été favorable. Ses lettres me prouvent qu'il a repris une élasticité, un entrain qui me font du bien. Sa femme a élevé une couvée de poules de je ne sais quelle espèce rare, et cela l'a mise en goût; elle paraît vouloir, sinon le seconder comme Marcelle l'a fait pour moi, mais ne plus le décourager par ses plaintes et ses lamentations. Partout où il y a du cœur, il y a de l'espoir.

J'ai mesuré aujourd'hui les plus beaux des cinq cents eucalyptus que j'ai plantés depuis que je suis ici; ils ont tous de huit à neuf mètres de hauteur. C'est à eux, me dit-on, que je dois de n'avoir relativement pas à me plaindre du climat d'Algérie. Par reconnaissance j'en plante chaque année une centaine de diverses espèces, que je me procure au jardin d'essai.

J'en ai une entre autres qui est fort curieuse; elle ne dépasse jamais quatre mètres de hauteur; elle est très ramifiée à la base, et ses massifs constituent des fourrés impénétrables. Elle émet des racines horizontales qui renferment une eau limpide et parfaitement saine; on les coupe par tronçons et on les laisse égoutter. Cette variété vient dans les mauvais terrains et résiste parfaitement à la sécheresse. Mes Arabes lui ont donné le nom caractéristique *d'arbre de la soif,* et commencent à m'en demander du plant. Hippolyte a accepté la tâche de le multiplier dans sa région désertique, où il pourra rendre de si grands services.

L'année qui vient de s'écouler a été fructueuse pour nous. C'est de beaucoup la meilleure depuis notre arrivée ici. Mon bénéfice net dépasse sept mille francs, et je ne compte dans cette somme mon vin, encore en cave, que pour trois mille francs. J'en retirerai certainement davantage, car j'ai plus de cent bordelaises à vendre. Tout le monde s'est ressenti ici des libéralités de dame nature à mon égard, et je vois aux visages qui m'entourent que chacun est content.

Deux de mes petits noyers m'ont donné quelques noix. Ils m'ont payé par ce premier plaisir de tous les soins que je leur ai prodigués.

5 mars 1885.

Marcelle me témoigne le désir de prendre avec nous sa mère, dont la vieille servante vient de s'éteindre, emportant avec elle une bonne partie des habitudes de sa maîtresse. C'est le moment d'opérer la transplantation; je l'ai chargée d'aller y présider et de me laisser veiller aux travaux nécessaires pour cela. C'est quatre mois de solitude à passer; mais comme aux vacances la maison s'emplira de rires jeunes et sonores, et s'éclairera de la tendresse des trois générations qu'elle abritera!

9 octobre 1885.

Quelle surprise! quels transports de joie lorsque Marcelle est arrivée avec sa mère! Tout était terminé depuis plus d'un mois et respirait l'abondance, le calme et la paix. Quelle différence avec il y a dix ans!

C'est un bonheur que l'affaiblissement de ma belle-mère ne se soit pas produit plus tôt, alors que nous étions tous à l'ouvrage depuis l'aube jusqu'après le coucher du soleil. Maintenant Marcelle peut choisir sa besogne. Nous avons pris une jeune fille pour la suppléer dans les soins du ménage, sans surcharger Mariette, qui voulait prendre tout le fardeau sur elle; mais c'est un auxiliaire trop précieux pour en abuser.

Le travail de la ferme va tout seul; quelques journées supplémentaires suffisent, et j'ai pour cela sous la main des Arabes qui se sont fixés autour de la maison depuis notre installation dans le pays; ils me sont, je crois, dévoués corps et âme..., sauf insurrection toutefois, et..., qui sait?...

Tout nous a admirablement réussi cette année encore. Céréales, vignes, légumes de toutes sortes, rien n'a manqué. Pas de mortalité non plus dans mes écuries, bergeries, basse-cour. Aussi, malgré l'augmentation de mes dépenses, ai-je réalisé un bénéfice net de huit mille trois cents francs. Il convient d'ajouter à cette somme le produit de l'huile, car les premiers oliviers que j'ai greffés commencent à rapporter.

Cette prospérité me semble un rêve; nous sommes venus si pauvres, si dénués sur cette terre d'Afrique! Il faut bien reconnaître que Dieu a béni nos efforts, et c'est à lui que je rends grâce ici.

15 octobre 1886.

Pendant l'année qui vient de s'écouler, car voilà un an
passé que je n'ai pas écrit une seule ligne sur les pages
restées intactes de mon cher confident, peu d'événements
dignes d'être notés sont venus interrompre notre vie si
douce et si tranquille.

Ma cave est complètement achevée et meublée de tous les
ustensiles nécessaires. Je puis y loger deux mille cinq cents
hectolitres de vin. J'ai maintenant trois cuves qui peuvent
contenir plus de mille hectolitres chacune; il y a là de quoi
parer à toutes les éventualités.

Sur les cent hectares de terre que j'ai achetés à mon
arrivée ici, près de soixante-dix sont à même de recevoir
n'importe quelle culture. Je fume environ vingt hectares
chaque année, non compris le jardin, qui est de trois hectares. J'ai huit hectares de vigne, dont cinq en plein rapport. Je n'en veux pas au delà de dix.

La plupart de mes arbres fruitiers donnent du fruit, et je
n'en plante de nouveaux que pour remplacer ceux qui disparaissent pour une cause ou pour une autre. Deux cent
cinquante oliviers rapportent maintenant; j'en ai greffé au
moins six cents.

Mes terres de parcours étant en trop petit nombre pour
les besoins de mon troupeau, qui s'est sensiblement accru,
—j'ai deux cents brebis et constamment une soixantaine de
bœufs, vaches et veaux,—j'ai dû acheter cinquante hectares
de terres montagneuses qui touchent l'extrémité sud de ma
propriété. Je prévois le moment où je devrai m'agrandir
encore.

Sauf les céréales, contrariées par le temps, nos récoltes

ont été bonnes cette campagne. Mes champs, bien fumés et bien remués, m'ont donné un produit sensiblement supérieur à celui de mes voisins. Mais qu'une année soit en tous points favorable, j'espère bien arriver à obtenir un rendement de dix-huit à vingt pour cent.

Nos dépenses se sont encore augmentées; mais une sage économie préside à tous nos besoins. La propriété nous fournit en abondance les choses les plus nécessaires à l'alimentation! nous n'achetons ni pain, ni vin, ni huile, ni fromage, ni fruits, ni légumes, ni œufs, ni volailles, etc. etc. Nous avons de tout cela, et beaucoup à vendre, au contraire.

Cette production journalière nous a sauvés en nous empêchant de recourir à l'emprunt, ce qui, dans la plupart des cas, est une cause fatale de ruine.

La tribu des Guillaumet gagne maintenant deux cent cinquante francs par mois, soit trois mille francs par an, logée, blanchie, sans compter les cadeaux, qui ne sont point rares. Sans doute jamais famille de cultivateurs n'a obtenu de tels gages en Algérie; mais j'ai dû récompenser largement le zèle, le travail, le dévouement, la fidélité. A des services exceptionnels, il fallait répondre par une situation exceptionnelle. Qui pourrait m'en blâmer?

Plus heureux que nous, ils ont jusqu'à présent échappé à la fièvre. Je commence à croire à l'efficacité du préservatif qu'ils emploient... Mais jamais je ne pourrai me décider à en faire un usage aussi immodéré.

Hippolyte m'écrit régulièrement deux ou trois fois par an. Ses lettres reflètent la sérénité de son âme, la paix et le repos d'esprit. Il a pu rembourser la presque totalité de la somme qu'il avait dû emprunter, et l'augmentation constante de ses revenus lui permet, me dit-il, d'envisager l'avenir avec confiance. Dans deux ans il sera complètement à flot.

Allons, tant mieux! Il est doux de voir le travail et l'intelligence ainsi récompensés.

2 août 1887.

Paul et Marcel sont arrivés ce matin.

Ah! qu'il est des moments où l'on est largement payé de ses peines! Je suis dans une de ces heures bénies. En jetant un coup d'œil rétrospectif sur ces douze années de labeur incessant, mon cœur déborde de gratitude.

Ce que je redoutais le plus, je l'avoue, pour l'avenir de mes enfants, c'était cette vie besoigneuse. Nous avions si peu le loisir de nous occuper d'eux! Leur temps était tellement disputé à l'étude, que je craignais de les voir grandir impropres à prendre leur place dans la vie civilisée; ce qui était cependant le but auquel nous devions tendre.

Eh bien! il n'en est rien.

La nature a des ressources toutes-puissantes pour certaines organisations. Ils se sentaient parfois bien las en achevant une tâche dure, sinon ingrate; mais en relevant leur front courbé, s'ils trouvaient notre approbation souriante, ils apercevaient également les larges horizons variés d'aspect, suivant l'heure où on les observe, qui reposaient leur regard. Ils n'étaient point indifférents à la beauté sereine du matin, à la splendeur du ciel de midi, aux nuages empourprés du couchant quand les montagnes lointaines se revêtent de ces teintes indécises, mais ravissantes, d'un bleu rose, que chaque soir ils ne se lassaient pas d'admirer. Nos Arabes, drapés si fièrement dans leur grand burnous blanc, leur rappelaient les scènes patriarcales et leur faisaient mieux comprendre les mœurs et la poésie des premiers âges du monde, dont ils perpétuent le souvenir; le bétail revenant tout joyeux du pâturage, avec ses bêlements plaintifs ou ses mugissements sonores, leur enseignait la prévoyance et la miséricorde; la mer immense, avec son azur incomparable et sa vague incessamment frangée d'écume blanche, leur parlait de la grandeur et de la majesté de Dieu, tandis que les champs, couverts au printemps de fleurs multicolores, et plus tard de riches moissons, leur disaient sa bonté. Il n'y avait pas jusqu'à la dépendance où nous sommes du temps et des saisons, nous autres cultivateurs, qui ne les initiât aux douceurs de la foi.

D'autre part, ils respiraient à pleins poumons les saines effluves des bois, la fraîche brise de mer; ils escaladaient la cime au pas de course ou dévalaient sans crainte dans les ravins ombreux, et leur corps se fortifiait à plaisir. Dans les dernières années qu'ils ont passées près de nous, alors que, le besoin pressant étant conjuré, nous pouvions nous livrer le soir à notre goût inné pour les choses intellectuelles, ils s'intéressaient à nos lectures, choisies d'ailleurs pour développer leur intelligence et leur cœur. Souvent ils nous accablaient de questions auxquelles nous aimions à répondre... dans les limites de notre savoir.

Aussi, lorsque est venue l'heure critique de la séparation, ils apportaient à la vie nouvelle qui s'offrait à eux le *mens sana in corpore sano* si prisé des anciens. Ils ont mordu à l'étude avec la parfaite compréhension de ce qu'elle leur réservait de bon; et, malgré qu'ils fussent retardés sur bien des points, les voici presque arrivés l'un et l'autre.

Paul a concouru pour une bourse à l'école d'agriculture de Montpellier et l'a obtenue. Encore une séparation en perspective. Marcel prépare son baccalauréat.

Je les vois de ma fenêtre, les chers enfants. Ils sont bien toujours les mêmes. L'aîné examine l'état des bambous dont j'ai embelli notre propriété. Le second muse au milieu du parterre fleuri de sa mère, et je ne serais pas étonné qu'il préparât pour l'anniversaire de Marcelle quelques-uns de ces jolis vers qu'il commence à tourner si bien.

Ici se termine brusquement le journal de Gérard Vidame.
Il nous paraît oiseux d'expliquer par quel hasard il nous est
tombé entre les mains et nous nous sommes décidé à le
publier. Cependant, en le faisant, nous avons cru remplir
un devoir.

Dans la jeune génération de ceux auxquels s'adresse ce petit
livre, il y en aura sans doute plusieurs d'attirés quelque jour
par ce beau climat et les promesses que la splendide colonie fait aux enfants de la France, qu'elle aime à voir devenir
ses enfants. Mais justement parce qu'elle est prodigue d'at-
trayantes promesses, il faut qu'on sache bien à quoi s'en
tenir. Il faut lui venir en toute confiance, en toute sécurité,
mais le cœur plein d'un zèle sincère pour le travail, ne point
lui marchander son effort et sa peine, et lui apporter, en
même temps que des bras, une intelligence ouverte. Et
pour me faire mieux comprendre, je vais vous expliquer
surtout ce qu'il ne faut pas être, en prenant des exemples
autour de moi, votre ami, et plus peut-être encore l'ami de
la colonisation *intelligente*.

Parmi mes voisins, dans le petit centre où je me suis
momentanément fixé pour suivre la marche d'une création
de ce genre, un brave homme ensemençait un champ
d'environ trois hectares sur lequel il répandait son blé à
même, sans avoir seulement passé la charrue, se conten-
tant, pour l'acquit de sa conscience, de herser, — bien ou
mal, — et d'écraser ainsi quelques mottes de terre suffi-
santes, pensait-il, pour recouvrir son grain.

« Vous êtes fou ! lui disais-je ; vous avez donc trop de blé
que vous en perdez ainsi pour soixante ou quatre-vingts francs ?

— *A savoir*, me répondit-il d'un air finaud. On dit la
terre si bonne ! »

Lorsque les oiseaux eurent largement profité de son inintelligente prodigalité et qu'il dut renoncer bel et bien à tout
espoir de récolte, à qui s'en prit-il ?

Naturellement au sol. On l'avait trompé en lui vantant la fertilité de l'Algérie.

Il est vrai que le procédé eût été plus commode que les labours de printemps et d'été.

Un autre vient me trouver.

« Vous ne faites pas du blé *macaroni*, vous?

— Pardon, lui répondis-je innocemment, tous les blés durs sont excellents pour les pâtes.

— Vous n'y êtes pas, reprit-il; un ami m'a donné une espèce dont on fait deux récoltes; la tige s'entoure de macaroni, on n'a plus qu'à les séparer. J'en ai semé un demi-hectare. »

Je ne réussis pas à lui démontrer qu'on s'était moqué de lui; la récolte seule put lui faire entendre raison.

Un autre se plaignait amèrement d'une commande de macaroni faite à Alger et qui tardait à arriver.

« C'est ennuyeux, disait-il, la saison passe!

— · Y a-t-il donc une saison pour manger du macaroni? lui demandait-on en riant.

— Pas pour le manger peut-être, mais pour le planter, » répondit-il gravement.

Et quelques jours plus tard il *repiquait* du macaroni dans un champ, à la grande hilarité de ceux qui le regardaient faire.

Enfin, tout dernièrement, je passais devant une vigne appartenant à un Charentais.

« Que faites-vous donc là, père Guillaume?

— J'épampre, Monsieur; vous le voyez, j'épampre à force.

— Et pourquoi, dans un pays où le soleil a des splendeurs inconnues à votre région, enlevez-vous au raisin l'ombre qui le soustrait à une chaleur trop intense?

— Dame! je ne sais pas trop; je le fais parce que je l'ai toujours vu faire. »

Je pourrais multiplier ces exemples, qui semblent inventés à plaisir, et qui sont cependant d'une rigoureuse exactitude; vous dire comme quoi il faut se garder de rendre à la terre par la fumure ce que lui enlève la plante, ou bien comment il faut considérer le chiendent comme un engrais précieux, etc. etc., mais à quoi bon?

Je vous ai fait toucher du doigt ce qu'il ne faut pas être, si vous voulez prendre vos intérêts propres, ceux de la colonie et ceux de la métropole, qu'il ne faut JAMAIS perdre de vue. Grâce à l'incurie des uns, à la paresse des autres, l'Algérie, le grenier de Rome, la terre classique de l'abondance, dont les champs, où un cavalier et son cheval pouvaient se dissimuler, rapportaient trente, quarante, cinquante pour cent, l'Algérie végète encore sous le ciel le plus clément du monde.

Le *Journal d'un colon* est vrai, *rigoureusement vrai;* puisse-t-il, enfants, vous faire aimer cette belle terre! Vous vous en trouverez bien, et elle aussi.

FIN

20133. — Tours, impr. MAME.

Original en couleur

NF Z 43-120-8

www.ingramcontent.com/pod-product-compliance
Lightning Source LLC
Chambersburg PA
CBHW052048090426
42739CB00010B/2096